AF456955

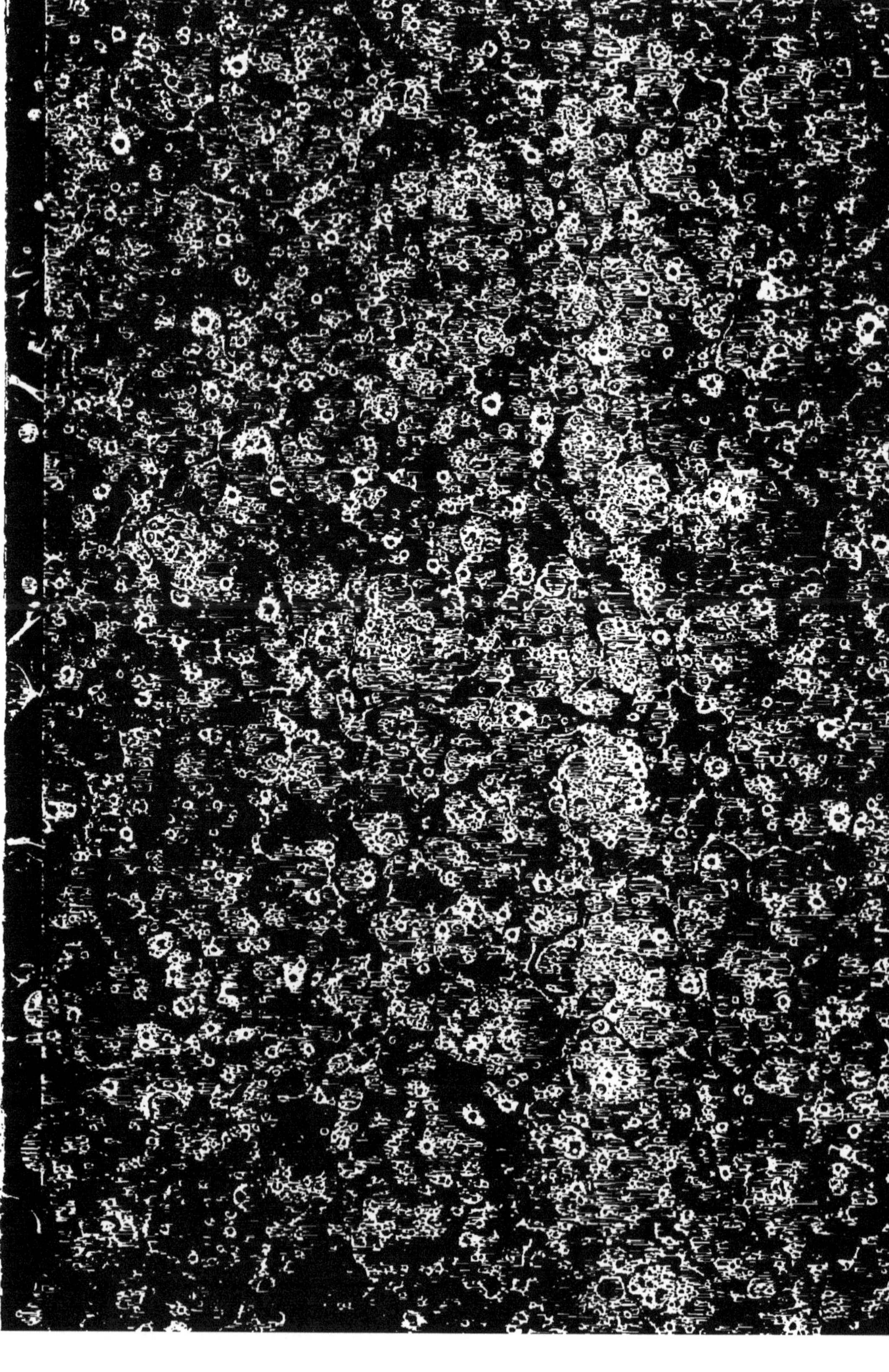

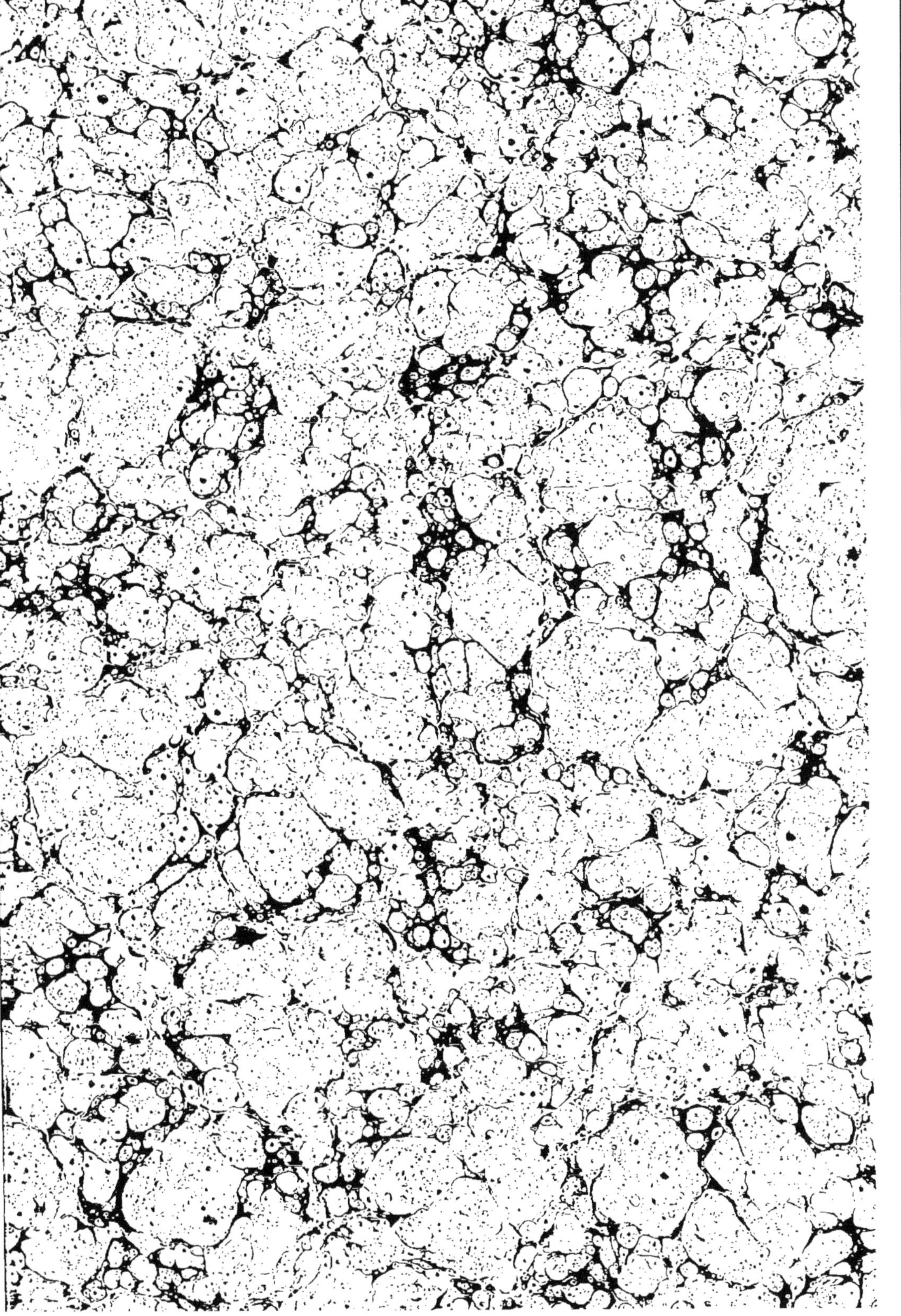

27

O. 990
B. 1.
C.

# VOYAGE

DU CI-DEVANT DUC

DU CHATELET,

EN PORTUGAL.

T. I.

## *Décret concernant les Contrefacteurs, rendu le 19 Juillet 1793, l'An 2 de la République.*

La Convention nationale, après avoir entendu le rapport de son Comité d'instruction publique, décrète ce qui suit :

Art. 1. Les Auteurs d'écrits en tout genre, les Compositeurs de Musique, les Peintres et Dessinateurs qui feront graver des Tableaux ou Dessins, jouiront durant leur vie entière du droit exclusif de vendre, faire vendre, distribuer leurs Ouvrages dans le territoire de la République, et d'en céder la propriété en tout ou en partie.

Art. 2. Leurs héritiers ou Cessionnaires jouiront du même droit durant l'espace de dix ans après la mort des auteurs.

Art. 3. Les Officiers de paix, Juges de Paix ou Commissaires de Police seront tenus de faire confisquer, à la réquisition et au profit des Auteurs, Compositeurs, Peintres ou Dessinateurs et autres, leurs Héritiers ou Cessionnaires, tous les Exemplaires des Éditions imprimées ou gravées sans la permission formelle et par écrit des Auteurs.

Art. 4. Tout Contrefacteur sera tenu de payer au véritable Propriétaire une somme équivalente au prix de trois mille exemplaires de l'Édition originale.

Art. 5. Tout Débitant d'Édition contrefaite, s'il n'est pas reconnu Contrefacteur, sera tenu de payer au véritable Propriétaire une somme équivalente au prix de cinq cents exemplaires de l'Édition originale.

Art. 6. Tout Citoyen qui mettra au jour un Ouvrage, soit de Littérature ou de Gravure dans quelque genre que ce soit, sera obligé d'en déposer deux exemplaires à la Bibliothèque nationale ou au Cabinet des Estampes de la République, dont il recevra un reçu signé par le Bibliothécaire ; faute de quoi il ne pourra être admis en justice pour la poursuite des Contrefacteurs.

Art. 7. Les héritiers de l'Auteur d'un Ouvrage de Littérature ou de Gravure, ou de toute autre production de l'esprit ou du génie qui appartiennent aux beaux-arts, en auront la propriété exclusive pendant dix années.

---

*Je place la présente Édition sous la sauve-garde des Loix et de la probité des Citoyens. Je déclare que je poursuivrai devant les Tribunaux tout* Contrefacteur, Distributeur *ou* Débitant *d'Édition contrefaite. J'assure même au Citoyen qui me fera connoître le* Contrefacteur, Distributeur *ou* Débitant, *la moitié du dédommagement que la Loi accorde.* Paris, ce 12 Prairial, l'an 6e de la République Française.

Buisson

Gravé par Tardieu L'ainé, Rue des Noyers N° 8.

Vue de la Baye de Lisbonne

B.R

# VOYAGE
## DU CI-DEVANT DUC
## DU CHATELET,
# EN PORTUGAL,

OU SE TROUVENT

Des détails intéressans sur ses Colonies, sur le Tremblement de terre de Lisbonne, sur M. de Pombal et la Cour;

Revu, corrigé sur le Manuscrit, et augmenté de Notes sur la situation actuelle de ce Royaume et de ses Colonies,

Par J. Fr. BOURGOING, ci-devant Ministre plénipotentiaire de la République française en Espagne, Membre associé de l'Institut national.

Avec la Carte du Portugal, et la Vue de la Baie de Lisbonne.

TOME PREMIER.

A PARIS,

Chez F. Buisson, Imp.-Lib. rue Haute-Feuille, N° 20.

An VI de la République.

# INTRODUCTION

## DE L'ÉDITEUR.

Le Portugal, un des Pays avec lesquels nous avons, ou du moins nous pouvions avoir le plus de relations commerciales, une des Puissances du second ordre qui nous intéressent le plus sous le rapport de la politique, le Portugal est très-peu connu, sur-tout par les Français. Il n'a encore paru que des descriptions ou fautives ou incomplètes de cette portion de l'Europe, jadis si florissante, à présent si dégénérée. Quelques Ouvrages ont été consacrés à présenter certaines époques de son Histoire; d'autres, à retracer les conquêtes et la gloire des anciens Portugais, et à les mettre en opposition avec l'asservissement et la nullité des Portugais de nos jours. Un Anglais, James Murphy, a donné récemment un premier volume sur l'état du Portugal, et s'est presque borné à y placer des observations relatives à sa profession d'architecte. Un second volume qu'il a publié sous la date de l'année 1798 (1), contient plusieurs détails d'un autre genre. Il offre des vues sur la partie physique, politique et littéraire du Portugal. Mais ces deux volumes ne forment pas à beaucoup près un corps d'ouvrage complet sur ce Royaume.

L'auteur du *Tableau de Lisbonne*, qui a paru, présente des détails curieux; mais il s'est réduit presque uniquement à la description de cette capitale. Il règne, d'ailleurs, dans son Ouvrage, un ton continuel de dénigrement, motivé sans doute, excusé du moins par les circonstances dans lesquelles il l'a habitée, mais qui ne sauroit inspirer beaucoup de confiance.

Il restoit encore à présenter le Portugal sous ses différentes faces, à décrire et ses Provinces d'Europe et ses Colonies lointaines, ses mœurs, ses habitudes, sa population, ses progrès dans les sciences et les arts, sa politique, etc.; et le ci-devant duc du Châtelet, dont nous publions l'Ouvrage, s'est trouvé à portée de remplir cette tâche. Il a consulté les

(1) Le premier de ces volumes a déjà été traduit en Français; l'autre ne l'est pas encore.

personnes les plus instruites du pays qu'il a parcouru avec plus de soin que les voyageurs ordinaires. Il a vu de près le marquis de Pombal dans sa retraite ; il en a tiré diverses notions aussi curieuses qu'authentiques, et en a souvent vérifié l'exactitude sur les lieux mêmes.

Son Manuscrit, qui nous a été confié, contenoit quelques imperfections. Nous avons tâché de les rectifier ; quelques lacunes, nous avons cherché à les remplir. L'Auteur n'avoit pas eu le loisir de mettre la dernière main à son Ouvrage. Son style étoit quelquefois négligé et incorrect. Nous nous sommes permis de faire disparoître ces légères taches, sans altérer ni son plan ni ses idées. Le texte peut donc être regardé comme lui appartenant exclusivement.

Mais, comme il y a plusieurs années que M. du Châtelet a voyagé en Portugal, son Ouvrage ne présenteroit qu'imparfaitement la description de ce Royaume, si nous n'y eussions pas ajouté plusieurs notes, et même quelques supplémens qui achèveront de faire connoître les Portugais des temps tout-à-fait modernes. Nous nous sommes aidés pour cela des écrits les plus nouveaux sur le Portugal, et des renseignemens que nous ont fournis plusieurs personnes qui y ont séjourné long-temps. Quoique nous n'ayons jamais nous-même dépassé ses frontières, nous avons été en liaison avec tant de Portugais, nous avons eu des relations si prolongées et si multipliées avec leur pays, principalement sous le rapport de la politique, que nous avons pu tirer aussi de notre propre fonds quelques notions intéressantes. Bref, nous croyons pouvoir dire qu'il n'avoit encore rien été écrit de plus complet sur le Portugal, que ce Voyage de M. du Châtelet, et les additions que nous y avons faites laisseront peu de choses à désirer sur l'état moderne de ce Pays.

Certains ménagemens politiques avoient empêché, sous notre ancien régime, l'impression de ce Manuscrit. Cette circonstance même doit la rendre plus piquante en ce moment. L'Auteur et l'Éditeur ont également cherché à éviter ce qui pourroit offenser les Portugais. Ils leur font quelquefois des reproches assez graves, ils leur donnent quelquefois des leçons un peu austères; mais ils se sont abstenus l'un et l'autre de cette amertume qui offense et ne corrige pas. Ils ont tâché de ne pas dépasser les bornes des égards que les Nations se doivent entr'elles. D'ailleurs, il est des Portugais éclairés qui gémissent sur la situation actuelle de leur pays, autant que peuvent le faire les étrangers les plus sévères. Ils connoissent les causes de sa dégénération, et les remèdes qui guériroient les maux dont il souffre. Si la double terreur, religieuse et politique qui les contient, les empêche de s'expliquer avec franchise, ils pardonneront, ils sauront peut-être quelque gré à des Écrivains plus indépendans, de peindre les désordres auxquels leur pays est en proie, de réveiller, dans leurs compatriotes, le souvenir de leur ancienne grandeur, d'appeler chez eux la sagesse et l'énergie à l'appui des avances de la nature. Quel pays, en Europe, a été mieux traité par elle que le Portugal? Il le dispute à tous, quant à la beauté du climat, quant à la variété des productions qui peuvent prospérer sur son sol. Il a autant de côtes que le comporte la médiocre étendue de son territoire. Il a de riantes et fertiles vallées, des montagnes réparties de manière à faire couler dans tous les sens de leurs flancs, et de leurs sommets, les eaux vivifiantes qui rendent les irrigations faciles et tempèrent les inconvéniens de la sécheresse sous un ciel brûlant; quelques-unes qui, au levant, sont pour lui un rempart presqu'inexpugnable contre le seul ennemi qu'il ait à redouter par terre; plusieurs fleuves qui peuvent être navigables; un, sur-tout, dont l'embouchure lui donne un des beaux ports de l'Europe; des habitans naturellement spirituels, et dans lesquels la valeur a échappé à l'engourdissement presque universel qui s'est emparé de leurs autres facultés; des habitans qui ont prouvé qu'ils pouvoient avoir le courage et l'activité nécessaires aux grandes entreprises, et manier avec succès tous les instrumens de la prospérité.

Mais depuis plus d'un siècle, une mauvaise administration, de faux calculs, des institutions vicieuses, l'empire des moines et des Anglais ont réduit, presqu'à rien, tous ces brillans avantages. La philosophie éclaire la plus grande partie de l'Europe; et le Portugal est encore dans les ténèbres. Il a, dans ses productions et dans celles de ses vastes

Colonies, les élémens du commerce le plus varié et le plus étendu; et il l'abandonne à des mains perfidement officieuses qui le condamnent à la paresse et à la misère. Il règne à Mozambique et à Macao: il obéit servilement à Porto et à Lisbonne. On peut appliquer à la couronne de Portugal, plus encore qu'à l'ancienne Rome, du temps de César, ce vers du second des Brutus:

Maîtresse aux bords de l'Inde, esclave aux bords du Tibre.

Elle ne peut disposer ni de ses productions, ni de ses ports, ni de ses alliances. C'est pour d'avides étrangers que le sol du Portugal se féconde. Ses ateliers sont brisés ou languissent, et il s'épuise pour aviver ceux de Manchester et de Birmingham. Ses dociles habitans abandonnent aux Anglais le rôle fructueux de ses facteurs, et ils gardent pour eux le rôle pénible de fermiers. On leur commande des guerres inutiles et désastreuses. On leur empêche de conclure des paix nécessaires. Jouets du fanatisme dévorateur au-dedans, et de la cupide ambition au-dehors, ils affectionnent leurs tyrans, ils repoussent leurs libérateurs.

Voilà l'esquisse du Tableau que présente l'Ouvrage qu'on va lire. Il pouvoit difficilement paroître dans des circonstances plus propres à intéresser la curiosité publique. Le Portugal touche à une crise qui peut être décisive pour lui. Il s'agit à présent de son affranchissement ou de la prolongation de sa servitude. Détrompé sur le compte de son impérieux allié, trouvera-t-il, dans les nouvelles victoires de ses ennemis passagers, un moyen de secouer ses fers ? Ou l'affection de quelques-uns de ceux qui le gouvernent pour ceux qui l'asservissent, survivra-t-elle à ce long enchaînement de mortifications et de désastres ? Tel est le problême dont la République Française doit peut-être, avant la fin de cette année, obtenir la solution.

---

# VOYAGE
## DU CI-DEVANT DUC
## DU CHATELET,
## EN PORTUGAL.

### CHAPITRE PREMIER.

*Voyage et arrivée du ci-devant Duc, à Lisbonne. — Couronnement de la Reine.*

J'ÉTOIS à Londres ; le désir de voir le Portugal, me fit solliciter un congé de la cour de France. Je l'obtins, et me mis en route pour aller m'embarquer à Falmouth, sur un paquebot du roi. Je traversai le Devonshire et le Cornouaille, seules provinces de l'Angleterre que je n'avois pas visitées : elles ne m'offrirent qu'un terrain peu favorisé de la nature. On y trouve cependant des mines de cuivre assez considérables; mais je remarquai, sur-tout dans le Cornouaille, un air de pauvreté, qu'on apperçoit rarement en Angleterre, si ce n'est dans les provinces du nord. En passant à Plymouth, j'y vis embarquer le général Clinton avec ses officiers ; ils retournoient en Amérique. Arrivé à Falmouth, je m'embarquai, le 8 mai 1777, à bord de l'*Embden*, monté de 16 pièces de canon, et dont tout l'équipage étoit bien disposé à tenir tête aux Américains, qui déjà avoient insulté et pris des bâtimens mieux armés que le nôtre.

La traversée fut heureuse. Nous essuyâmes seulement le troisième jour, dans la mer de Biscaye, un coup de vent furieux qui dura vingt-quatre heures; nous fûmes obligés d'amener, mais sans rien perdre de nos agrès. Un autre paquebot, qui alloit à Madère et qui se trouvoit à la même hauteur que nous, eut beaucoup plus à souffrir. Il perdit son beaupré et la moitié de son pont. Après six jours de navigation, nous arrivâmes à huit heures du matin devant Lisbonne.

Rien de plus beau, rien de plus majestueux que la vue de ce port : il est défendu par le fort de *Bugio* (1), qui se trouve dans une

(1) Nous conservons tous les noms portugais, tels qu'ils s'écrivent dans le pays, si ce n'est ceux que l'usage a francisés, comme Madère, Coimbre, et Lisbonne lui-même. (*B.*)

île à l'embouchure du Tage. La ville, qui s'élève en amphithéâtre sur la rive droite de ce fleuve, offre un magnifique coup-d'œil. Le Tage forme, au pied des murailles, une baie de trois lieues de largeur; parage excellent pour toute espèce de vaisseaux. L'entrée du port ne répond pas cependant à la beauté de la baie ; la barre qui s'y est formée, la rend difficile pour les pilotes qui n'en connoissent pas bien les fonds. Aussi est-il défendu à tout bâtiment anglais d'entrer dans le port, sans avoir à bord un pilote du pays, qui vient au-devant du bâtiment et s'empare du gouvernail; le pilote est payé par le capitaine, qui ne peut s'en passer sous peine d'une amende. Plusieurs accidens, arrivés à des bâtimens qui vouloient entrer sans le secours de ces pilotes-côtiers, ont déterminé le gouvernement britannique à émettre cette loi.

A l'époque de mon arrivée, Lisbonne étoit dans une agitation que je ne puis dépeindre; c'étoit la veille de la célébration du couronnement de la reine. Le peuple couroit çà et là, chantant et dansant la *foffa*, danse nationale, qu'on exécute deux à deux au son d'une guitare ou d'un instrument quelconque ; danse tellement lascive , que la pudeur rougit d'en être témoin, et n'oseroit entreprendre de la décrire. Je traversai la foule, et allai loger dans une hôtellerie anglaise, située à Buenos-Aires, une des sept montagnes de Lisbonne; position agréable, à l'abri des odeurs fétides dont la ville est infectée pendant l'été, et des pluies dont elle est inondée durant l'hiver.

On avoit choisi la place du Commerce (1) comme l'endroit le plus propice à la cérémonie du couronnement; elle est grande, et située sur le bord du Tage ; les rues qui y aboutissent sont belles et larges; elles ont, ainsi que celles de Londres, des parapets pour les gens de pied. En arrivant par le côté qui fait face au rivage, on entre dans cette place par un arc de triomphe de l'ordre dorique, mais d'une lourde architecture. Au-dessous des édifices qui forment les côtés de la place, il régne une galerie qui seroit

(1) Cette place est aussi appelée la place du *Terreiro do Paço*, ou Terrein du Palais. Elle a six cent quinze pieds de long, sur cinq cent cinquante de large ; trois de ses côtés sont fermés par des édifices, et le quatrième par le Tage. Ses édifices sont uniformes, mais d'un mauvais goût et d'une architecture mesquine. ( *B.* )

assez belle si elle étoit moins écrasée. Au milieu de la place s'élève la statue équestre du roi Joseph I$^{er}$, faisant face au rivage. Le marquis de Pombal avoit fait mettre au pied de cette statue son médaillon en bronze; la veille du couronnement, ses ennemis le firent ôter, pour y substituer les armes de la ville. Lors de l'inauguration de ce monument, destiné à éterniser la réédification de Lisbonne, le roi qui y avoit prêté son nom, et surtout le ministre tout-puissant qui régnoit à sa place, on avoit frappé (en 1775) une médaille, portant d'un côté la statue équestre de Joseph I$^{er}$, avec cette inscription: *Magnanimo restauratori*, et de l'autre, la ville de Lisbonne sous la figure d'une femme couronnée, entourée d'architectes, de guerriers; et autour de ce médaillon on lit ces mots: *Post fata resurgens.* Mais le monument et la médaille ne donnent qu'une idée bien peu favorable du progrès des Beaux-Arts en Portugal.

Le couronnement de la reine se fit avec une grande magnificence, au bruit de l'artillerie, et aux acclamations d'un peuple immense, qui étoit venu de tous côtés pour y assister. La reine seule ne parut pas prendre part à l'allégresse universelle. Elle étoit douloureusement affectée. Les principaux seigneurs de la cour avoient résolu de lui faire demander par le peuple la tête de Pombal; la reine étoit instruite de leur dessein : elle craignoit le danger d'un refus; mais, quoiqu'elle n'aimât point le marquis, elle respectoit en lui l'ami de son père.

Et moi aussi j'étois instruit de tout ce qui se tramoit; je voulus être de près témoin de l'agitation qui en résultoit. Je courus les rues avec un français, versé dans la langue portugaise, et je me mêlai dans la foule. On n'entendoit par-tout que le nom de Pombal; les esprits s'échauffoient; le mouvement alloit éclater, quand tout-à-coup survint une patrouille de cavalerie, ayant à sa tête un officier, qui, s'adressant à ceux qui formoient cet attroupement, leur défendit, sous les peines les plus rigoureuses, de nommer M. de Pombal. La foule fut bientôt dispersée; les rues se trouvèrent en un instant remplies de soldats et de cavaliers, et l'on fut si constamment occupé à dissiper tous les rassemblemens, au moment où ils paroissoient se former, que le peuple se rendit à la place avant d'avoir pu rien décider.

Tous les *fidalgos* (1) paraissoient très-étonnés, et dans un extrême agitation; on les voyoit aller, venir, envoyer des messages du haut de la galerie où ils étoient, lancer vers le peuple des regards où se peignoient la colère et l'impatience. On avoit pris la sage précaution de diviser ce peuple, en faisant construire sur la place des barrières de distance en distance, de sorte qu'il se trouva séparé, et pour ainsi dire emprisonné sans s'en être apperçu. On entendit cependant une espèce de rumeur, et sept ou huit voix crièrent: *Pombal, Pombal;* mais elle furent au même instant étouffées par les cris de *vive la reine!* que les partisans du marquis avoient excités. Une grande quantité de spectateurs s'étoit introduite dans l'intérieur de la galerie après avoir forcé les gardes; la reine ordonna de les y laisser. Les carrosses ne pouvant s'approcher, elle fut obligée elle-même de traverser la foule, pour se rendre à sa voiture: ce fut pour elle le plus doux

(1) Par *fidalgos*, on entend en général la noblesse qui n'est point titrée; ces fidalgos ont une pension que le roi leur assigne sur un fonds de quarante mille cruzades, destiné pour cet objet. La cruzade vaut 3 liv. 4 s. de notre monnoie. ( *Note de l'Auteur.* )

moment de sa vie; les uns se jetoient à ses genoux, les autres baisoient le bas de sa robe: elle fut attendrie jusqu'aux larmes.

Les illuminations furent brillantes; la cérémonie se fit avec autant de tranquillité que de pompe; la nation anglaise donna le soir un bal magnifique aux principaux habitans de la ville, sans doute en témoignage de sa reconnoissance; car c'étoit elle, vraie souveraine du Portugal, qu'on avoit couronnée dans la personne de la reine. Le lendemain on reprit le deuil qu'on avoit quitté la veille. Au milieu de l'allégresse générale que produisoit la chute de Pombal, tout reprit un aspect lugubre, et on sortit du bal pour courir aux églises.

---

## CHAPITRE II.

*Climat et origine du Royaume de Portugal.*

L'AIR du Portugal est pur et tempéré; dans les plus grandes chaleurs, il y souffle un vent rafraîchissant, qui rend le climat très-sain. Les hivers y sont en général forts pluvieux; mais il est très-rare qu'il y pleuve pendant l'été, sur-tout depuis l'Estramadure jusqu'à l'extrémité du royaume d'Algarve, qui est la partie la plus méridionale du Portugal. Cependant c'est un bon pays pour l'agriculture, quoique les Anglais ayent voulu persuader le contraire, afin de faire croire aux Portugais que le produit de leurs champs ne pouvoit suffire à leur subsistance. Il y a un siècle et demi qu'il étoit suffisant. Comment auroit-il cessé de l'être? La question est facile à résoudre; mais elle mérite un chapitre particulier.

Le plus grand fléau qui désole cette contrée ce sont les tremblemens de terre, plus ou moins violens. On voit souvent le Tage couvert de matières bitumineuses, qui sortent de son sein, ainsi que des montagnes de la ville et des environs ; ce qui indique que le sol inférieur au lit du fleuve, et l'intérieur de ces montagnes, renferment un foyer de matières sulphureuses et salineuses, dont la fermentation continuelle produit des explosions plus ou moins considérables, suivant que ces matériaux inflammables sont plus ou moins abondans. Le tremblement de terre qui, en 1755, détruisit toute la ville de Lisbonne, et dont on voit encore les horribles traces, a exercé la sagacité des plus fameux physiciens. Le résultat de leurs observations est une source inépuisable d'alarmes pour les malheureux habitans. Il paroît démontré, d'après les ravages qu'a produit ce fléau, particulièrement à l'endroit où cette ville est bâtie, que le foyer de la fermentation se trouve précisément au-dessous de son sol. Depuis près de mille ans, ses habitans ont, de siècle en siècle, essuyé périodiquement des tremblemens de terre, qui ont ruiné et détruit leur cité ; et en la rebâtissant, l'expérience leur fait dire : « Nos » fils ou petits-fils seront ensevelis sous les » ruines des édifices que nous élevons sur

» les débris de ceux qui viennent d'écraser » nos pères (1). »

Malgré la salubrité du climat, la peste a souvent exercé ses fureurs en Portugal. Les deux rois, Jean I^er et Edouard I^er, en moururent, l'un en 1433, et l'autre en 1437. L'oraison funèbre qui fut prononcée à la mort de Jean I^er, est la première dont l'histoire portugaise fasse mention.

Pendant l'hiver, le froid est assez sensible en Portugal : on n'y a cependant de cheminées que dans les cuisines (2). On m'a assuré

(1) Les tremblemens de terre se font ordinairement sentir à Lisbonne dans le mois de novembre ; on a fait à ce sujet une observation intéressante. Lorsque le mois d'octobre et le commencement du mois de novembre sont secs, le tremblement de terre est certain et presque toujours violent. Lorsque les pluies commencent de bonne heure, et qu'elles sont considérables, il n'y en a point, ou il est très-léger. ( *L.* )

(2) Les Portugais de Lisbonne ne se chauffent jamais. Dans ces derniers temps, quelques personnes ont fait construire des cheminées ; mais il n'y en a peut-être pas trente dans toute la ville. On n'y trouve pas même, dans les appartemens, ces brâsiers ou *copas* usités en Espagne. Les hommes et les femmes restent chez eux, enveloppés dans de larges manteaux d'étoffes de laine,

que, depuis vingt-trois ans, on n'avoit pas eu à Lisbonne de chaleurs aussi fortes que celles que j'éprouvai au mois de juillet 1777; j'en souffris, en effet, au point d'en perdre la respiration. J'attendois les nuits avec impatience, pour jouir de la fraîcheur agréable de l'air, dont on profiteroit avec plus de plaisir encore, si la malpropreté des habitans n'en altéroit la pureté. Dès qu'il est nuit, les rues sont remplies d'ordures, d'animaux morts, et particulièrement de chiens, dont les cadavres jonchent, par milliers, les rues de Lisbonne: mais à peine est-il huit heures du matin, que déjà la force du soleil a dévoré ces objets de dégoût, qui, sans cela, infecteroient toute la ville, et y causeroient indubitablement la peste.

Quant à l'origine du royaume de Portugal, je n'en dirai que ce que je croirai nécessaire pour faire connoître ce que ses habitans furent autrefois, et ce qu'ils sont aujourd'hui.

qu'ils gardent dans les rues, au spectacle, dans les églises, dans les sociétés. Ils ont le singulier préjugé que la chaleur factice du feu est dangereuse pour la santé, comme si le froid et l'humidité n'avoient pas encore plus d'inconvéniens. ( *B.* )

Le Portugal, que les anciens connoissoient sous le nom de *Lusitanie*, n'étoit alors qu'une étendue de pays peu considérable. Les descendans de Tubal habitèrent cette heureuse contrée, jusqu'à ce que les Carthaginois vinrent s'en emparer; ceux-ci la possédèrent plus de 350 ans, et furent troublés dans leur possession par les Romains: telle fut l'origine de la haine de ces deux nations. Les Romains furent vainqueurs, et les Carthaginois, malgré la valeur et l'habileté de leurs capitaines, furent obligés de céder. L'Espagne entière subit le joug romain ; et le jeune Scipion en termina la conquête vers l'an de Rome 545.

Sous le règne de Galba, le Portugal avoit cinq colonies romaines ; et Olisippo, aujourd'hui Lisbonne, étoit leur ville privilégiée.

Les Alains s'en emparèrent. Alphonse VI réussit à les en chasser en 1093, maria sa fille au comte Henri de Bourgogne, et lui donna pour dot le pays qu'il venoit de conquérir sur les Maures.

Ce comte Henri étoit venu en Espagne offrir à Alphonse VI ses services contre les Maures; il régna en Portugal après la mort de ce monarque, et, à proprement parler, il fut le premier roi de la monarchie portugaise. Il remporta une victoire signalée sur cinq rois Maures ; et les armoiries actuelles du Portugal, qui consistent en cinq écussons sur un fond d'azur, remontent à l'époque de cette victoire, et la rappellent.

C'est, dit-on, sous le règne de Henri Ier. que le royaume prit le nom de Portugal : ce prince habitoit alors *Porto*, qui étoit la ville la plus considérable ; c'étoit une espèce de colonie française. Beaucoup de gentilshommes français, ayant suivi Henri, s'établirent avec lui dans cette ville, et la nommèrent *Porto Gallo*, d'où, par la suite, est dérivé le nom de *Portugal*.

Les avis sont partagés sur cette étymologie : beaucoup d'écrivains prétendent que ce royaume a tiré son nom de celui de *Porto* et de *Gallo*, village qui se trouve en face de la ville, de l'autre côté du *Douro* (1).

(1) D'après André *Resendius*, ce royaume paroît tirer son nom du havre ou port de *Gale*, situé sur une élévation qui domine la rivière de *Douro*. On dut à des pêcheurs la connoissance de ce havre ; et, comme le poisson étoit abondant dans le voisinage, on y accourut de toutes parts ; insensiblement il s'y forma un

établissement, qui est devenu, avec le temps, une ville riche et peuplée. On lui donna le nom de *Portugal*, qui, depuis, s'est étendu à tout le royaume : c'étoit l'opinion d'*Osorio*, et ce fut aussi celle de Camoëns, à en juger par le passage suivant : « *Ce port, qui se courbe en demi-cercle pour recevoir les eaux de l'Océan, s'enorgueillit, avec raison, d'avoir donné le nom de* Portugal *au sol qui l'a vu naître* » ( *B.* )

---

## CHAPITRE III.

### *Description géographique du Portugal.*

LE Portugal se divise en six provinces, dont trois sont au nord et trois au sud. La partie du nord est composée de celles de l'*Entre-Duero-y-Minho*, le *Tra-los-Montes* et le *Beira*; celles du sud sont l'*Estramadure* portugaise, l'*Alentejo* et le royaume d'*Algarve*.

I.

La première de ces provinces, l'*Entre-Duero-y-Minho*, est celle qui composoit autrefois le royaume du Portugal. On la nomme ainsi, parce qu'elle se trouve limitée par le fleuve *Douro* ou *Duero* vers le sud, et au nord par le *Minho*, autre fleuve qui la sépare de la Galice, et par conséquent de l'Espagne; elle a dix-huit lieues en longueur d'une rivière à l'autre, et douze en largeur; elle est bornée à l'occident par l'Océan, et à l'orient par la province de *Tra-los-Montes*, qui est séparée par une chaîne de montagnes, qu'on nomme *Sierra-*

*Moton*

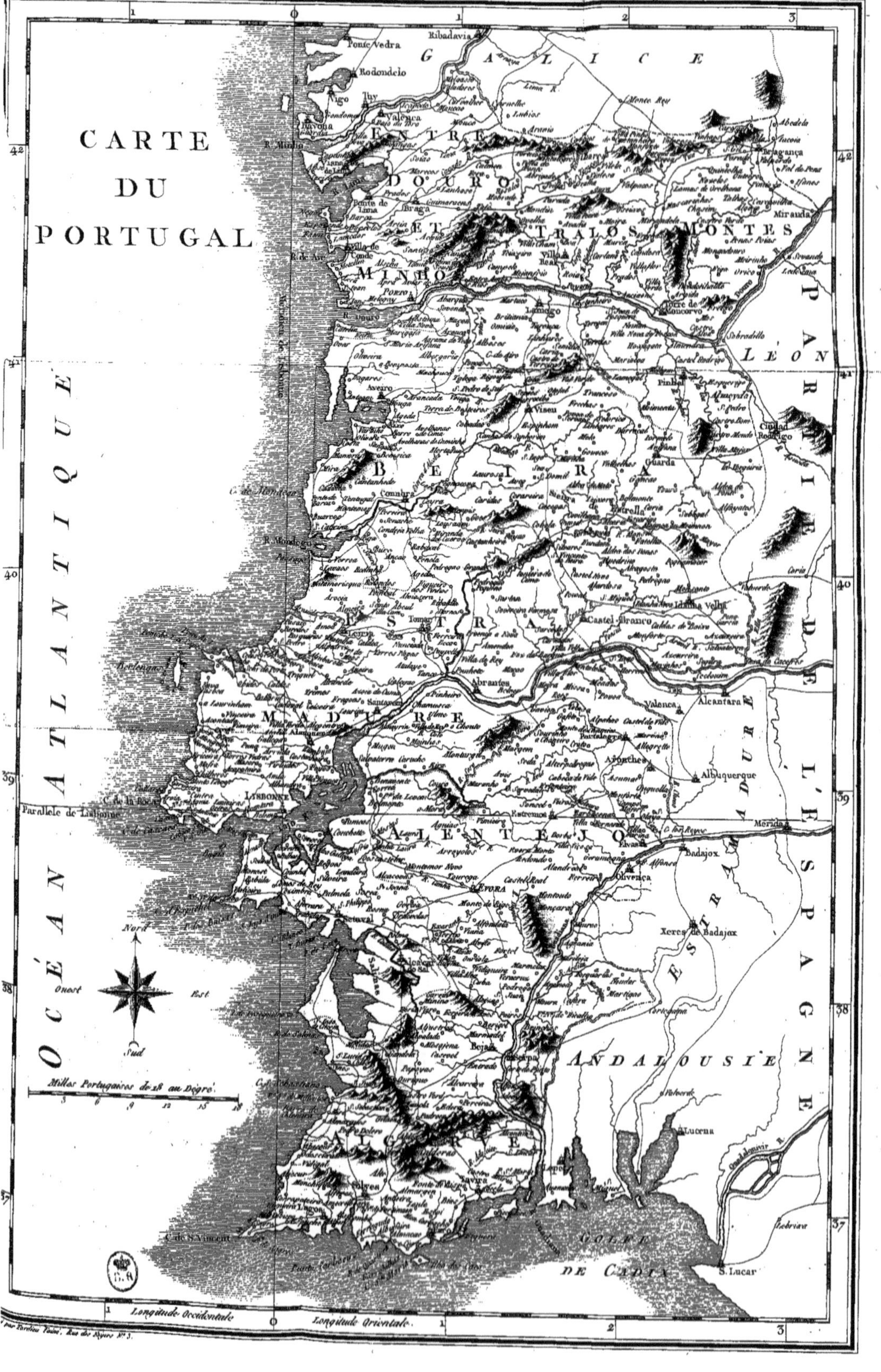
CARTE
DU
PORTUGAL
OCÉAN ATLANTIQUE
GALICE
ENTRE DOURO ET MINHO
TRALOS MONTES
BEIRA
ESTRA
MADURE
ALENTEJO
LÉON
PARTIE DE L'ESPAGNE
ESTRAMADURE
ANDALOUSIE
GOLFE DE CADIX
LISBONNE
Parallele de Lisbonne
Méridien de Lisbonne
Porto
Braga
Coimbra
Viseu
Guarda
Lamego
Aveiro
Tomar
Santarem
Abrantes
Castel-Branco
Evora
Beja
Silves
Bragança
Miranda
Badajox
Merida
Alcantara
Albuquerque
Olivença
Xeres de Badajox
Lucena
S. Lucar
C. de S. Vincent
C. de la Roca
Berlengas
Nord
Sud
Est
Ouest
Milles Portugaises de 18 au Degré
3 6 9 12 15 18
Longitude Occidentale
Longitude Orientale
42
41
40
39
38
37

*Moron.* Cette province, un peu montueuse, est une des plus petites; mais, proportionnellement à son étendue, une des plus peuplées: elle renferme deux villes ou cités, *Oporto* et *Braga*, beaucoup d'autres villes et villages, cinq collégiales, dix mille quatre cents paroisses peuplées de cinq cent quatre mille ames, six ports de mer, près de deux cents ponts, construits sur différentes rivières qui arrosent cette province, telles que le *Minho*, le *Lima*, le *Covado*, la *Dave*, le *Douro*, etc. Si l'on en excepte le *Minho* et le *Douro*, qu'on peut remonter à douze lieues dans les terres, ces rivières ne sont point navigables. Les habitans de cette province sont adonnés à l'agriculture, et travaillent beaucoup plus qu'on ne le fait dans le reste du royaume. La terre abonde en bled, vin, troupeaux, fruits, huile, gibier, poisson: elle produit sur-tout du lin, qui est un des plus beaux de l'Europe, et qui procureroit les plus belles toiles, si on savoit le travailler; mais le paysan qui le récolte, après lui avoir fait grossièrement subir la première préparation, l'abandonne à des fileuses payées à très-bas prix, qui, pour augmenter leur profit, se hâtent, et ne font qu'un travait très-imparfait ; le fil qui sort de leurs mains est inégal, et ne peut donner que de la toile grossière : on fabrique cependant du linge de table qui est assez beau ; mais ces manufactures ne peuvent se soutenir, quoiqu'elles soient, ou plutôt précisément parce qu'elles sont au compte du souverain. La province a trois juridictions royales ou *corrégidories*, et trois particulières ou *oydories* : les trois *corrégidories* sont *Guimaraens*, *Viaux* et *Oporto* ; les trois *oydories* sont *Barcelos*, *Valença* et *Braga*.

La corrégidorie de Guimaraens peut renfermer cent mille ames ; son chef-lieu est situé entre la *Dave* et les montagnes de la *Sierra-Moron*, à trois lieues de *Braga*. Cette ville fut la résidence des premiers monarques du Portugal, et la patrie d'Alphonse Henriquez I^er^., qui prit le titre de roi ; elle fut originairement fondée par les Grecs, 296 ans avant J. C. ; elle est assez peuplée : les chanoines de sa collégiale doivent être de famille noble, et sont fort riches. On fabrique beaucoup de toiles à Guimaraens. On voit sur la place une vieille église, qui étoit autrefois un temple dédié à Cérès. La ville, qui est assez bien bâtie, est fermée d'une foible muraille, et défendue par un vieux château situé sur une hauteur.

*Viana*, qui est la seconde corrégidorie, est une des plus jolies villes que j'aie vu en Portugal ; elle est située à l'embouchure du *Lima*, et à sept lieues de *Braga*; elle est fort bien bâtie et très-peuplée. Son port, jadis très-bon, s'est comblé par les sables que la rivière y charie : on pourroit le nettoyer; mais il en coûteroit des sommes énormes, et sa position n'est pas assez avantageuse pour le commerce. Ce port est défendu par un fort bien construit, qui avance dans la mer; il peut recevoir des bâtimens de 200 tonneaux, et par conséquent d'une capacité plus que suffisante pour transporter les grains, fruits, huiles, toiles et autres menues productions du pays. Quand je passai par Viana, le régiment de *Moncaon* y étoit en garnison. Cette ville est dans une situation délicieuse; elle fut aussi fondée par les Grecs 296 ans avant J. C., et rétablie par Alphonse III : sa corrégidorie contient 98,000 ames. La ville de *Ponte-de-Lima*, qui fait partie de cette juridiction, est pareillement une ville très-ancienne, fondée par les Grecs; elle tire son nom d'un magnifique pont, construit sur le *Lima* par le roi dom Pedre Ier, en 1360.

La troisième corrégidorie, qui peut contenir plus de cent mille ames, est celle de *Porto*. Cette ville est, après Lisbonne, la première de Portugal, tant par son commerce que par sa population et la richesse de ses habitans; son port est situé à l'embouchure du *Douro*; il est fameux par les fortunes immenses dont il a été la source, et sur-tout par les frais qu'a faits la nature pour sa défense. En revanche, son entrée n'est point facile : une barre la rend même très-dangereuse, sur-tout en hiver : le Douro se gonfle alors si fortement, que les parties basses de la ville sont inondées; les plus gros cables ne peuvent résister à la violence du débordement; très-souvent les bâtimens à l'ancre sont emportés, et vont échouer sur le banc qui barre l'entrée à trois quarts de lieue de la ville. Cette entrée est défendue par deux forts en assez mauvais état, dont la garde est confiée à des miliciens, quoique la ville ait sa garnison. Nous aurons occasion de parler plus amplement des différentes branches de commerce de cette ville : on y compte près de cinquante mille ames. On y vit à beaucoup meilleur marché qu'à Lisbonne, et avec beaucoup plus d'agrément. Les maisons y sont assez bien bâties; mais les rues sont, pour la plupart, fort désagréables (1) : on pourroit la diviser en ville haute et ville basse; car une portion se trouve sur le sommet d'une montagne, et l'autre en partie à ses pieds.

Sans les dangers que présente l'entrée de son port, cette ville eût infailliblement effacé Lisbonne : les Anglais désiroient y avoir, ainsi que dans cette dernière, un paquebot; mais ils y ont renoncé, à cause des retards qu'auroit souvent éprouvé la correspondance maritime, par la nécessité où les paquebots se seroient trouvés d'attendre trois semaines, et davantage, avant de pouvoir entrer sans

(1) La plupart des rues de *Porto*, dit Murphy, sont si escarpées, que les passans ont plutôt l'air de grimper que de marcher. Cet inconvénient, il est vrai, est compensé par la propreté, dont les habitans sont redevables à la nature et non à la police; car, dans les temps de pluies, qui ne laissent pas que d'y être fréquens, les eaux des montagnes voisines se déversent en torrens, et entraînent toutes les immondices de la ville; d'ailleurs, point de lumières le soir dans les rues, excepté celles des lampes placées devant les chapelles des Madonnes. (*B.*)

péril ; il y a d'ailleurs, à l'entrée même du port, plusieurs rochers cachés sous l'eau. Quand la fonte des neiges commence, la rivière grossit considérablement, et charie une grande quantité de sable que lui apportent les différens torrens échappés du flanc des montagnes. Comme les rochers brisent le courant de la rivière, l'eau n'a plus la force d'entraîner les sables si loin. Ils s'amoncèlent donc autour de ces rochers, et y forment une barre, qui augmente chaque année, et devient de plus en plus dangereuse. La compagnie du commerce anglais avoit proposé de détruire ces rochers, de nettoyer cette passe et de la rendre enfin praticable ; mais les Portugais ont répondu qu'ils ne s'aviseroient jamais de détruire la meilleure défense de leur port contre les insultes des Maures. En vain, leur a-t-on représenté que l'embouchure étant étroite, deux forts, dont les feux se croiseroient, défendroient la ville de toute insulte, ils se sont obstinés à dire qu'ils préféroient la sûreté de leurs foyers, à l'appât d'un gain plus considérable, qui pouvoit devenir la cause de leur ruine.

On prétend que la ville de Porto fut fondée par *Gatelo*, roi d'Athènes, qui avoit épousé Escora, fille du roi Pharaon, et que, craignant les prodiges que Dieu, par le ministère de Moïse, fesoit pour délivrer le peuple Israël, il s'embarqua sur le Nil, vint aboutir à l'endroit où est Porto, et donna à la ville qu'il y fonda, le nom de *Portus-Gateli*. Selon d'autres, elle fut fondée par des Grecs, compagnons de Diomède. Les Mahométans la détruisirent. Elle fut rétablie par Alphonse III, de Léon. Elle ne se ressentit presque pas du tremblement de terre de 1755, et il fut alors question d'y transporter la cour.

L'oydorie de *Barcelos* est la première des trois, et contient quarante mille ames; cette ville, située sur le Cavado, et à trois lieues de Braga, est petite et très-peuplée. Elle fut fondée par Hamilcar, capitaine carthaginois, deux cent cinquante ans avant Jésus-Christ.

L'oydorie de *Valença* contient trente mille ames. *Valença* est régulièrement fortifiée, et n'est qu'à une portée de fusil de *Tuy*, ville d'Espagne : ces deux villes ne sont séparées que par le *Minho*. On y a travaillé beaucoup, il y a un an (en 1776), lorsqu'on parloit d'une nouvelle rupture entre le Portugal et l'Espagne : elle n'est habitée que par des militaires ; elle fut originairement fondée par les soldats de Viriatus.

*Braga* est aussi une oydorie de 30,000 ames ; la ville est agréablement située, et sa campagne parfaitement cultivée, et arrosée de deux rivières qui sont très-limpides et très-poissonneuses. *Braga* est fort ancien ; les avis sont partagés sur son origine. Les uns l'attribuent à *Tuera*, d'autres aux compagnons de Diomède. Ce qu'il y a de certain, c'est que César-Auguste en fit une colonie romaine, en la nommant *Augusta Braccarum* ; on y voit beaucoup de vestiges de son antiquité ; c'est aujourd'hui le siège d'un archevêque, qui a le titre de primat : il s'y est tenu cinq conciles ; le premier vers l'an 411. L'église de Braga argue de cette date pour prouver son ancienneté, et établir son droit de primauté.

Mais depuis que le Portugal n'est plus sous la domination des Espagnols ; l'archevêque de Tolède dispute à celui de Braga son titre de *primatie*, quoique reconnu par tout le clergé d'Espagne.

Lorque je passai de la Galice dans la province d'*Entre-Douro-y-Minho*, que je traversai dans toute sa longueur, j'observai une différence frappante entre cette province portugaise et la province espagnole, quant à la nature du terrain, à l'aspect des habitans, et à l'agriculture. En général le peuple y est laborieux, brave, et il vit dans l'aisance. Le sang y est plus beau que dans le reste du royaume. C'est de cette province qu'on tire la meilleure infanterie du Portugal. Les hommes y sont robustes, endurcis à la fatigue plus qu'aucun autre peuple du Midi.

## I I.

La province de *Tra-los-Montes*, ainsi nommée parce qu'elle est séparée de la première par une chaîne de montagnes, est bornée au nord par la Galice ; à l'orient par le royaume de Léon, et au sud par le Douro : c'est le pays le plus aride et le plus montagneux de tout le Portugal. Il contient 156,000 habitans ; il a trente-deux lieues de l'orient à l'occident, et 20 du nord au midi. Les chemins y sont affreux ; et à peine y connoit-on l'agriculture, si ce n'est le long de quelques rivières, dont les bords sont cultivés et peuplés : il y a dans cette province deux corrégidories et deux oydories.

La première des corrégidories est celle de *Torre di Moncorvo*, qui peut avoir environ quarante-cinq mille ames. La bourgade, mal peuplée et mal bâtie, est située au pied des montagnes dans une plaine assez fertile. En 1762, un détachement espagnol y commit beaucoup de désordres, suite du peu de discipline qui régnoit parmi les troupes de cette nation.

*Miranda*, seconde corrégidorie, renferme à-peu-près 24,000 ames. La ville a été ruinée et dépeuplée par les guerres; sa position est assez avantageuse pour défendre l'entrée de la province : elle est aujourd'hui presque déserte, et finira vraisemblablement par être abandonnée.

L'oydorie de *Bragança* contient soixante-quinze mille ames. Cette ville, capitale de la province, est assez agréablement située dans une plaine riante, à une lieue et demie de Galice. La population est d'environ soixante mille ames. On prétend qu'elle fut bâtie par Auguste en l'honneur de Jules-César; elle est fermée de fortes murailles, et défendue par un bon château; c'est dans cette ville que le roi dom Pedro épousa, clandestinement, dona Inez de Castro, en 1354. Si ce en croit une tradition populaire, la fondation de Bragança remonte jusqu'à l'an 2015 du monde; et elle est due à un roi Brigo, aussi chimérique que cette tradition.

A deux lieues des frontières de la Galice, se trouve *Chavez*, qui donne son nom à la seconde oydorie. Cette place est fermée par une double muraille, et défendue par un fort et quelques fortifications. C'est ordinairement la résidence du commandant des troupes de la partie septentrionale du Portugal, et la principale ville de la province. Elle fut bâtie, suivant les uns, par *Vespasien* ; selon les autres, par *Trajan*, qui y fit construire un beau pont sur la rivière de Tamega, au bord de laquelle elle est située.

Je parlerai plus bas des pertes que les Espagnols essuyèrent dans cette province, lorsqu'ils voulurent, en 1762, porter la guerre en Portugal.

## I I I.

La troisième et la plus grande province de ce royaume, est celle de *Beira*. Elle étoit anciennement habitée par les peuples d'Espagne, qu'on nommoit *Transcudani*.

Elle est bornée au sud par l'*Estramadure* portugaise et l'*Alenjeto*; au nord, par les provinces d'*Entre-Douro-y-Minho* et de *Tra-los-Montes*; au levant, par le royaume de *Léon* et l'*Estramadure* espagnole; au couchant, par l'Océan. Elle a à-peu-près trente lieues, tant en longueur qu'en largeur : elle contient cinq cent soixante mille ames. Le terrein y est très-fertile et abondant en toutes sortes de productions : elle est partagée en sept corrégidories et deux oydories.

*Coimbre*, qui donne son nom à la première corrégidorie, est une ville fort ancienne et considérable : c'est, suivant Pline, la *Conembrisca d'Antonin*, bâtie par les Romains 300 ans avant J. C., aujourd'hui capitale de la province. Elle est depuis long-temps célèbre par l'université que le roi *Denis Ier*. y fonda en 1290. Sa situation est délicieuse : elle forme une espèce d'amphithéâtre, au pied duquel passe le *Mondego*, qui, six lieues plus bas, va se jeter dans la mer. Les petites plaines qu'arrose cette rivière sont très-riches, et parfaitement cultivées : elles abondent en grains, vins, et surtout en fruits, qui sont réputés les meilleurs du Portugal. Cette corrégidorie contient environ 150,000 ames, et la ville de Coimbre 12,000.

La corrégidorie de *Viseu* contient 95,000 ames; cette ville est située à-peu-près au centre de la province, entre la rivière de *Ronda* et celle de *Mondego*, dans une plaine aussi fertile que délicieuse : c'est là qu'on planta les premiers orangers qui furent apportés de la Chine. Ils ont été depuis successivement multipliés; on en trouve à présent dans tous les endroits du royaume, qui sont à l'abri des injures du nord. Les Romains, au temps où ils possédoient cette ville, la nommoient *Vico-Aquario*. C'est la patrie d'Edouard Ier., roi de Portugal. Dom Rodrigue, dernier roi des Goths, y est enterré, et on lit dans l'église de St. Michel cette inscription, qui prouve l'ancienneté de la ville de Viseu.

*Hic requiescet*
*Rudericus,*
*Ultimus rex*
*Gothorum.*

Ce prince, étant poursuivi par les Maures, se noya, dit-on, en passant le fleuve *Guadalete* à la nage, l'an de J. C. 715.

La troisième corrégidorie est celle de *Lamego*, contenant 60,000 ames : la ville est à une lieue du Douro, dans un fond entouré de montagnes : elle est célèbre par la première convocation des états-généraux de Portugal, qui eut lieu sous Alphonse Ier. en 1143. Les loix fondamentales et les constitutions du royaume y furent rédigées et publiées en présence de ce prince. J'en parlerai plus amplement dans le chapitre qui traite séparément des loix. Viseu fut fondée, dit-on, par les peuples de la Laconie, 360 ans avant J. C. Trajan la rebâtit. Sa population est considérable. Les femmes y sont assez belles ; et, quoiqu'elle soit environnée de montagnes, l'hiver y est fort doux, et il est bien rare qu'on y voie de la neige.

La corrégidorie de *Pinhel* a 70,000 ames : son chef-lieu n'a nullement l'apparence d'une ville, quoiqu'il soit donné pour tel dans les cartes géographiques. Almeida est le lieu le plus considérable de cette juridiction, et peut-être le mieux fortifié du royaume. Les Espagnols en firent le siége en 1762, et s'en emparèrent au bout de quelques jours de tranchée.

*Guarda* est une autre corrégidorie, qui

renferme 7,000 ames : la ville est située au pied du mont Estrella (1), près de la source du *Mondego*; elle est fermée de murailles, et contient 1,000 habitans : l'hiver y est excessivement froid; elle fut bâtie par Sanche, premier roi de Portugal, en 1199.

La corrégidorie de *Castello Branco* ren-

(1) Le mont Estrella, que les Romains nommoient *Herminius*, est digne de la curiosité des naturalistes. Il faut deux heures et demie pour arriver du bourg Saint-Thomas, qui est au pied de ce mont, jusqu'à son sommet, et en y montant, on remarque des cavités en divers endroits; on entend même le bruit d'un fleuve qui y coule; plus haut, l'on trouve une carrière d'albâtre fort beau, et à la cime, d'excellens pâturages et divers ruisseaux, dont l'eau est également bonne et limpide. Mais le spectacle le plus merveilleux est celui que présente un lac entouré de hauts rochers; son eau, qui est très-claire, et médiocrement chaude, paroît sortir de dessous terre; vers le milieu il éprouve une sorte de bouillonnement, et il s'en élève des bulles d'air. Il est un endroit où une espèce d'attraction se fait sentir. On est tenté de l'attribuer à une ouverture par laquelle l'eau s'échappe, et va former un lac inférieur. C'est sans doute de ce lac que sortent quelques ruisseaux, dont le oncours forme la rivière qui coule vers le pied de la montagne. Les habitans du pays se font de terribles idées de cette montagne et de son lac. ( *B.* )

ferme 40,000 ames ; cette ville est enceinte d'une double muraille, et défendue par un vieux château qui, autrefois, étoit très-fort : elle contient 4000 ames.

La première oydorie, qui est celle de *Montemor o Velho* contient environ 3000 ames *Montemor* est un petit endroit situé entre Coimbre et la mer, sur les bords du Mondego.

La seconde est celle de *Mon-Feira*, qui contient 40,000 ames. *Feira* est une petite ville qui n'en compte que 4000. Aveyro, qui est compris dans cette juridiction, est bien plus considérable : c'est un port de mer avantageusement situé, mais dangereux ; son entrée est composée de différentes passes, qui changent à tous momens au gré des sables mouvans dont elle est couverte. Là, vont échouer et périr une innombrable quantité de bâtimens, ce qui cause un préjudice notable au commerce de la province. On a construit un canal depuis cette ville jusqu'à cinq lieues dans les terres vers le nord ; il sert au transport des grains, et des productionsqui viennent s'embarquer dans le port.

La ville d'Aveyro s'appelle aujourd'hui *Nova Braganza*, le nom d'*Aveyro* étant celui

celui d'un des premiers complices qui attentèrent à la vie de Joseph I^er^.

## I V.

L'Estramadure portugaise est ainsi nommée pour la distinguer de l'Estramadure espagnole ; elle a environ quarante lieues dans sa plus grande longueur, sur vingt de largeur; elle est confinée au sud et à l'orient par l'Alentejo; au nord, par le *Beira*, et à l'occident par l'Océan: elle est la plus peuplée de toutes les provinces du Portugal. Aucune, d'après le dernier dénombrement, ne contenoit six cent soixante mille ames que celle-ci renferme aujourd'hui; elle a aussi le sol le plus fécond: la terre y est couverte de fruits, de fleurs, de tout ce qui enrichit et de tout ce qui embellit un pays. Dans son climat délicieux se trouvent réunies les productions différentes du royaume. Elle est divisée en six *corrégidories* et deux *oydories*.

La première corrégidorie est celle de Lisbonne qui renferme elle seule plus de 360,000 âmes. J'ai déjà parlé de la situation majestueuse de cette ville, du coup-d'œil que produit l'amphithéâtre qu'elle forme, et du Tage qui baigne ses murailles. En y comprenant les faubourgs, elle a près de trois lieues de long sur une de large ; elle est au huitième degré 30 minutes de longitude, et au trente-huitième degré 45 minutes de latitude : elle renferme plus de cent mille ames. Les avis sont très-partagés sur son origine. Selon les uns, c'est un petit-fils de Noë, nommé *Eliza*, qui la fit bâtir l'an du monde 1935. Suivant une autre version un peu moins absurde, après la ruine de Troye, Ulysse, ayant passé le détroit de Gibraltar, vint construire une ville sur la rive gauche du Tage, vis-à-vis celle qui existe actuellement, et la nomma *Ulissipolis*, que les Arabes ont changé en *Lisboa*; elle devint ensuite colonie romaine et ville municipale sous Jules-César, qui l'appeloit *Felicitas Julia*, pour exprimer, dit-on, le plaisir qu'il éprouvoit à y vivre, avec une femme qu'il nommoit *Julie*.

La corrégidorie de *Torres Vedras* contient près de quarante mille ames. Cette ville est située à sept lieues de Lisbonne ; c'est un ancien préside romain, tirant son origine des Grecs; elle a à peine mille habitans.

La corrégidorie d'*Alenquer* a vingt-huit mille ames ; la ville, pareillement éloignée de sept lieues de Lisbonne, contient seize cents habitans : elle fut fondée par les Alains.

La corrégidorie de *Leiria* renferme 60 mille ames. La ville est située dans une petite plaine entourée de montagnes, et arrosée par les deux rivières, le *Lis* et la *Lena :* elle a un vieux château, qui étoit très-fort, mais qui tombe en ruines ; elle a près de trois mille habitans. Sertorius la fit bâtir 75 ans avant Jésus-Christ. Edouard, roi de Portugal au quinzième siècle, y tint sa cour.

La corrégidorie de *Thomar* a plus de 40 mille ames. La ville est une commanderie de l'ordre du Christ ; elle fut fondée par *D. Galdin Paez*, grand-maître de l'ordre des Templiers, en 1180. On croit aussi que ce peut être la *Concordia* des Romains: elle contient près de quatre mille ames.

Enfin la corrégidorie de *Santaren* qui renferme plus de 50 mille ames. Cette ville est très-agréablement située dans une belle plaine qu'elle domine: elle est à 14 lieues de Lisbonne, sur la rive droite du Tage, qui cesse d'être navigable à deux ou trois lieues plus haut. Elle est mal fortifiée, et n'a pour défense qu'un vieux château. Les Romains la nommoient *Præsidium Julium*: elle fut bâtie par Abadis, roi d'Espagne, l'an du monde

2861. Son nom de *Santaren* n'est que le nom corrompu de Sainte-Irène, qui y mourut assassinée. Elle a huit mille habitans.

La première des deux oydories, est celle d'Abrantes : elle ne contient qu'environ 12 mille ames. La ville est située sur la rive droite du Tage, à six lieues de *Thomar*. C'est un endroit fort peu considérable, mais fort ancien. Abrantes étoit une ville municipale du temps des Romains : elle a à-peu-près 2000 habitans.

L'oydorie d'Ourem en a 10,000 seulement. La très-petite ville qui en est le chef-lieu, est située sur une éminence, et appartient à la couronne.

Le territoire de *Sétubal*, quoiqu'enclavé dans l'Estramadure, n'est pas compris dans le ressort de cette province : il renferme lui seul une corrégidorie et deux oydories, et contient 20,000 ames ; la ville est à 6 lieues de Lisbonne, dans une position fort agréable. On fait remonter son origine à Tubal : c'est, dit-on, la première ville qu'il fit bâtir, l'an du monde 1798. Ce qui est un peu plus certain, c'est que le roi Alphonse Enriquez la trouvant ruinée et dépeuplée, la rebâtit vis-à-vis d'une colonie romaine très-florissante nommée *Cetobriga*, située de l'autre côté de la rivière de Caldao, où est maintenant le village de *Troya*; elle est assez bien fortifiée. Son commerce est fort étendu; ses sels, ses vins et ses fruits sont très-renommés : elle contient onze à douze mille ames.

La seule corrégidorie du territoire de Sétubal est celle d'*Almada*, dont le chef-lieu, peuplé de huit cents ames seulement, est situé très-agréablement dans la partie la plus large du Tage.

La première des deux oydories est celle de *Sétubal* qui appartient à l'ordre de Saint-Jacques.

La seconde, est celle d'*Azeitao*, petit endroit près Sétubal.

## V.

La province d'Alentejo confine à l'Espagne du côté du levant; au midi, elle est bornée par le royaume des Algarves; à l'occident, par une partie de l'Estramadure portugaise et une partie de la province de *Beira*; elle a 40 lieues de long sur 20 de large, et renferme 29,000 ames. Elle tire son nom de sa situation qui est entre le *Tage*, nommé *Téjo* en portugais, et la *Guadiana* : elle est en général assez fertile ; mais son climat est mal sain, sur-tout l'été, à cause des eaux stagnantes qui la couvrent en grande partie. Elle est divisée en huit juridictions, savoir : trois corrégidories et cinq oydories.

La première corrégidorie est celle d'Evora. La ville est située presqu'au centre de la province, et fermée par des murailles : elle est d'une très-grande antiquité. Ce fut autrefois le séjour du fameux Sertorius, qui y fit construire un aqueduc superbe. Cette ville est le siége d'un archevêché, qui a plus de 200,000 cruzades de revenu.

La corrégidorie d'*Elvas* comprend une ville épiscopale, située à trois lieues de *Badajoz*, ville forte d'Espagne : elle est bâtie sur une hauteur, et assez bien fortifiée.

La corrégidorie de Portalègre a pour chef-lieu une ville épiscopale ; c'est une place frontière, mais fortifiée à l'antique.

La première oydorie est celle de *Beja*. La ville contient cinq mille ames. Jules-César en fit une colonie, la nommant *Pax Julia*. Elle est située à neuf lieues d'*Evora*.

L'oydorie de *Campo de Enriquez* renferme une ville qui n'a rien de remarquable, et qui appartient à l'ordre de Saint-Jacques.

C'est dans cet endroit que le roi Alphonse Enriquez remporta une victoire sur cinq rois maures.

*Villavicosa*, chef-lieu d'une autre oydorie, est à quatre lieues d'*Elvas*. Cette ville fut fondée par un capitaine carthaginois, nommé *Maharbal*, l'an 350 avant J. C. Sa situation est charmante. Les rois de Portugal y ont un palais où ils vont passer une partie de l'année.

*Crato* est aussi une oydorie. La ville, qui est peu considérable, appartient à l'ordre de Malte.

Enfin, l'oydorie d'Avis a une ville de ce nom, qui est le chef-lieu de l'ordre ainsi nommé: elle est située sur la rivière d'Avis, entourée de vieilles murailles, et assez peuplée.

## VI.

Quoique l'Algarve soit d'une petite étendue, et fasse nombre avec les provinces de Portugal, elle n'en a pas moins le titre de royaume. Elle le reçut d'Alphonse III, qui porta le premier le titre de *roi d'Algarve*. Ce mot, qui s'écrit aussi *Algrave* ou *Algarvio*, signifie en langue mauresque *campagne fertile*. Ce royaume est borné au midi et à l'occident par l'Océan ; à l'orient, par l'Andalousie, et au nord, par l'Alentejo.

Il étoit autrefois bien plus grand ; il s'étendoit depuis le cap Saint-Vincent jusqu'à la ville d'Almeiria dans la Méditerranée, et comprenoit aussi la portion des côtes d'Afrique qui embrasse la même espace. Tel qu'il est à présent, il a vingt-huit lieues de long sur dix dans sa plus grande largeur. Il est très-fertile en grains, vins, huiles, fruits, etc. Il contient soixante mille ames, et est divisé en deux corrégidories et une oydorie.

La corrégidorie de Lagos est la première. Cette ville est située dans la partie sud-ouest du royaume, à six lieues du cap St. Vincent. Elle fût bâtie par les Carthaginois, l'an du monde 2064, et ils la nommèrent *Lacobriga*; elle a près de trois mille habitans. Ses fortifications sont irrégulières.

La seconde corrégidorie est celle de *Tavira* ; cette ville est frontière de l'Andalousie, et située sur une baie qui prend son nom : elle a un mauvais port. La rivière de *Séqua*, sur laquelle elle a un beau pont de pierre, la divise en deux parties : c'est encore une fondation carthaginoise.

La seule oydorie est celle de *Faro*, qui

comprend un évêché. La ville est à cinq lieues de *Tavira*, sur la côte : ses fortifications furent endommagées par le dernier tremblement de terre, qui fut très-violent dans cette partie du Portugal. Quoique son port soit barré, son commerce est assez considérable : elle contient près de huit mille ames.

Je terminerai ici la description succincte de la géographie du royaume de Portugal. Elle est le résultat des éclaircissemens que m'ont fournis les personnes les plus connues et les plus instruites de ce pays. J'ai ensuite vérifié sur les lieux ce que j'avois noté et recueilli ; et pour cela, j'ai traversé toutes les provinces les unes après les autres, et visité les endroits les plus intéressans, particulièrement tous ceux qui avoisinent les côtes.

---

## CHAPITRE IV.

### *Constitutions et Loix du Portugal.*

ALPHONSE Ier. savoit qu'un roi n'est véritablement grand et puissant, qu'autant qu'il existe dans son royaume, des loix qu'il protège et dont il assure et maintient l'exécution. Il savoit qu'un roi juste et bon acquéroit par là le droit et le pouvoir de rendre le peuple heureux et d'affermir son trône. Il provoqua donc lui-même ces loix constitutionnelles dans une assemblée des états-généraux, convoquée par lui en 1143 à Lamego. Parmi ces loix, les unes regardent la succession de la couronne, les autres les prérogatives ou droits accordés à la noblesse; il y en eut de relatives à la création des juges, à l'administration de la justice, etc. Voici les articles par lesquels fut réglée la succession à la couronne.

### ARTICLE PREMIER.

Que le seigneur roi Alphonse vive et règne sur nous; s'il a des enfans mâles, qu'ils soient nos rois: le fils succédera au père; puis le petit-fils et l'arrière petit-fils, et ainsi à perpétuité dans leurs descendans.

## I I.

Si le fils aîné du roi meurt pendant la vie de son père, le second fils après la mort du roi son père sera notre roi : le troisième succédera au second, le quatrième au troisième, et ainsi des autres fils du roi.

## I I I.

Si le roi meurt sans enfans mâles, le frère du roi, s'il en a un, sera notre roi ; mais pendant sa vie seulement : car, après sa mort, le fils de ce dernier ne sera pas notre roi, à moins que les évêques et les états ne l'élisent, et alors il sera notre roi ; sans quoi il ne pourra l'être.

## IV ET V.

Si le roi de Portugal n'a point d'enfans mâles, et qu'il ait une fille, elle sera reine après la mort du roi, pourvu qu'elle se marie avec un seigneur portugais ; mais il ne portera le nom de roi que quand il aura un enfant mâle de la reine qu'il aura épousée. Quand il sera dans la compagnie de la reine, il marchera à sa main gauche, et ne mettra point la couronne royale sur sa tête.

## V I.

Que cette loi soit toujours observée, et que la fille aînée du roi n'ait point d'autre mari qu'un seigneur portugais, afin que les princes étrangers ne deviennent point les maîtres du royaume. Si la fille du roi épouse un prince ou seigneur étranger, elle ne sera pas reconnue pour reine, parce que nous ne voulons pas que nos peuples soient obligés d'obéir à un roi qui ne soit pas né portugais, puisque ce sont nos sujets et nos compatriotes qui, sans secours d'autrui, mais par leur valeur et aux dépens de leur sang, nous ont fait roi.

Cette loi a été rigoureusement suivie, et c'est pour cela que la couronne s'est conservée si long-temps dans la maison d'Alphonse. On détermina aussi, dans cette convocation, l'état de la noblesse, la soumission des peuples, et les peines dont les crimes doivent être punis.

On y accorda la noblesse et le titre d'anciens vassaux à tous ceux qui avoient assisté à la bataille du *Campo d'Ourique*. Il fut résolu qu'on élèveroit pareillement au rang des nobles toute personne qui auroit combattu pour défendre la personne de son roi, celle de son fils ou de son gendre, pour conserver l'étendard royal, et quiconque auroit tué un roi ennemi, ou son fils, ou gagné un de leurs étendards royaux.

Pareillement, les enfans de tous ceux qui avoient été faits prisonniers de guerre par les Barbares, étoient déclarés nobles, à condition que leurs parens, morts en captivité, n'auroient point renoncé à la religion chrétienne. Les descendans des Maures étoient par conséquent déclarés incapables de pouvoir jamais aspirer à la noblesse.

On nota d'infamie toute personne noble, elle et sa postérité, qui fuiroit dans le combat, qui insulteroit une femme en la frappant de la lance ou de l'épée, qui n'exposeroit pas sa vie pour la personne du roi, du prince son fils, et pour la défense de l'étendard royal; ceux qui pareillement seroient convaincus de parjure, de vol, de blasphême, et d'avoir déguisé la vérité au roi; qui parleroient mal de la reine ou des princesses ses filles; qui iroient servir chez les Maures, et qui, enfin, attenteroient *à la personne sacrée du roi.*

Les loix relatives à la justice condamnoient à la mort tout homicide ; et à une amende pécuniaire, ceux qui auroient blessé quelqu'un d'un coup d'épée, de pierre ou de bâton. On marquoit d'un fer chaud quiconque frappoit un magistrat. On punissoit le vol en exposant le coupable sur la place publique, les deux premières fois les épaules nues; mais s'il récidivoit, il étoit condamné à mort : on ne pouvoit exécuter l'arrêt sans un ordre exprès du monarque (1).

(1) Sous le règne de Jean II, et d'Emmanuel son successeur, les criminels, au lieu d'être mis à mort, étoient employés sur les flottes portugaises, destinées à explorer les côtes d'Afrique ou d'Asie, et on les débarquoit sur les terres qu'on découvroit, pour concourir, avec les habitans, à en reconnoître l'intérieur. S'ils réussissoient dans ces expéditions dangereuses, leurs crimes étoient expiés par ces services rendus à l'état. Il n'étoit pas rare de les voir, au bout de quelques années, transformés en d'autres hommes et devenus des membres utiles à la société. La déportation des condamnés à mort, dans des colonies lointaines, a pris naissance pareillement en Portugal. De tous les genres de punition, c'est peut-être celui qui présente les résultats les plus salutaires, et pour la société et pour les coupables. Voyez *Murphy*. ( *B.* )

Voilà les loix sages et utiles qu'Alphonse, assis sur son trône, dicta, en 1145, aux états qu'il avoit assemblés; elles ont été toujours très-fidellement suivies, jusqu'à la mort du cardinal roi, en 1580. Les Portugais passèrent alors sous la domination espagnole, et ces loix furent oubliées. Ce ne fut qu'en 1640 que la maison de Bragance remonta sur le trône de Portugal. Le premier roi de cette maison, Jean IV, convoqua les états-généraux en 1641, afin de faire examiner les droits de la couronne, et de ne laisser aucuns scrupules dans l'esprit de ses sujets. « *Ces droits*, disoit le décret des états, en parlant des droits du nouveau monarque, *sont plus que suffisans pour détruire une possession de 60 ans* (temps que les Espagnols ont régné en Portugal); possession tyrannique, uniquement établie et maintenue par la *force des armes*; force qui rend nuls tous les actes, décrets et sentences donnés en sa faveur, soit aux états tenus à Thomar en 1587, soit à ceux de Lisbonne en 1619. D'ailleurs, la sentence qui déféroit au roi de Castille la couronne du Portugal, étoit vicieuse par plusieurs autres raisons : elle n'avoit pas été signée unanimement, et en outre elle avoit été rendue hors les limites du royaume; ce qui choquoit toutes les constitutions de l'état de Portugal ».

Jean IV est le premier roi qui eut le titre de *majesté*: jusque-là on n'avoit donné aux rois que celui d'altesse, qu'ont aujourd'hui les infants.

Sous Edouard I$^{er}$. on promulgua une autre loi, qui parut essentielle. Jean I$^{er}$., par ses libéralités, avoit considérablement diminué les revenus de la couronne. On vouloit retirer de plusieurs familles du royaume des terres considérables dont il leur avoit fait don: Edouard créa, en conséquence, une nouvelle loi, connue sous le nom de *loi mentale*, et en vertu de laquelle, faute d'héritiers mâles, ces terres étoient reversibles à la couronne.

Les titres du roi de Portugal sont : *Roi de Portugal et des Algarves*, *en deçà et au-delà des mers*; *seigneur de Guinée*, *de la navigation*, *conquête et commerce d'Ethiopie*, *d'Arabie*, *de Perse et des Indes*. Son fils aîné est appelé *Prince du Brésil*, et les cadets ont le titre d'*Infants*.

Il y a dans le royaume de Portugal trois classes de grands titrés; ce sont les ducs, les

les marquis et les comtes. Il y a fort peu de ducs, quoiqu'il y ait beaucoup de duchés; il est vrai qu'il y en a plusieurs qui sont confondus dans la personne du roi: tels sont ceux de Bragance, de Barcellos, etc. Une pension est attachée à chacun des titres; les ducs ont 3500 livres, les marquis 1665 livres, et les comtes 515 livres. Les nobles qui ne sont pas titrés se nomment *fidalgos*. On ne compte que neuf marquis et trente-trois comtes. Personne ne peut prendre le titre de *dom*, qui est le titre de noblesse, sans y être autorisé par le roi.

Jean Ier., ayant été déclaré roi, voulut marquer sa reconnoissance à la ville de Lisbonne, en lui accordant des prérogatives: en 1385, il l'honora du titre de capitale, et en fit le séjour ordinaire des rois. Il la récompensa ainsi de l'empressement qu'elle avoit marqué à l'élire pour roi, lorsqu'il n'étoit que régent. Il voulut encore que la première *Relaçaon* (ou parlement) de son royaume y tînt ses séances, afin qu'il fût à portée d'exécuter, avec plus de promptitude, les *déclarations* qu'elle pourroit faire pour le bien de l'état et de ses sujets : ce parlement est composé d'un président, d'un chancelier et de dix *dezembargadores* ou juges : presque toutes les affaires sont portées à ce tribunal. La *casa de supplicar* est ce que nous appelons la *chambre des enquêtes* ; c'est là qu'on juge en dernier ressort, et souverainement, toutes les affaires qui y sont portées par appel. Le second parlement siége dans la ville de *Porto*; il est composé de même que celui de Lisbonne. Outre les membres ordinaires de ces deux tribunaux souverains, les seuls du royaume, on compte encore deux conseillers, qu'on nomme *extravagantes*, parce qu'ils n'ont pas de fonctions réglées.

Il y a aussi d'autres juges pour les affaires de la couronne, des finances, pour les affaires civiles et pour les appellations criminelles.

Les *comarquès* sont les justices subalternes, et à-peu-près les mêmes que nos bailliages en France. Les maisons-de-ville ont toutes leurs juges particuliers : leur principale fonction est de veiller à ce que les magasins publics soient toujours remplis, à la taxation des denrées, de pourvoir à la réparation des édifices publics, et à l'entretien des grands chemins.

Les loix qui avoient été observées en Portugal étoient les mêmes que celles de l'Espagne, dans le temps que les deux royaumes étoient sous la domination des Romains. Les Goths, qui vinrent après eux, ajoutèrent à ces premières loix. A leur tour, les rois de Portugal en ont fait de nouvelles, que l'on nomme *ordonnances* ou *droit royal.* Ils ont néanmoins conservé tant de considération pour la jurisprudence romaine, qu'ils ont voulu que l'on suivît le *droit civil* dans l'étendue de leur royaume. Aussi, quand il se présente un cas extraordinaire, que le droit royal n'a pas prévu, on le décide suivant le droit romain. Ceux qui veulent embrasser la profession de magistrat ne peuvent obtenir aucune charge de judicature, qu'après avoir étudié en droit, pendant neuf ans; ils subissent six différens examens, et soutiennent trois thèses publiques.

Quand on a passé quelques années dans les justices subalternes, on est en droit d'aspirer à une charge de conseiller dans les parlemens; mais avant d'être revêtu de cette charge, on est examiné dans le conseil du roi, où on explique pendant une heure la loi sur laquelle le hasard fait tomber à l'ouverture du livre; et le jour suivant, on répond aux différentes difficultés, qui sont proposées sur le droit civil des Romains, et sur ce qu'on appelle proprement *droit romain.*

Les *lettrados* ou avocats subissent le même examen que les juges, avec cette différence que cet examen se fait dans le parlement de Lisbonne; au reste ils ne paraissent au barreau qu'après avoir été réputés capables de remplir dignement et avec probité leurs fonctions. Tel est l'état actuel des constitutions, des loix et de la jurisprudence de ce royaume.

---

## CHAPITRE VI.

### *Religion.*

La religion catholique est la seule qui soit permise en Portugal. Le clergé, très-nombreux et très-puissant, y est absolument ignorant et débauché; les moines et les religieuses même, y vivent dans le libertinage le plus scandaleux. Ce royaume est ainsi dévoré par une infinité de gens qui consomment toujours sans jamais travailler. Croira-t-on que sur sa population de deux millions d'ames, on compte deux cent mille ames en moines, prêtres et religieuses!

Le chef de la religion est le patriarche primat de Portugal : cette dignité fut créée en 1716, sous le règne de Jean V. Lorsque le patriarche officie, il a les mêmes vêtemens que les papes; et les chanoines de la patriarchale sont habillés comme des cardinaux, et portent la crosse et la mitre; les premiers de ces chanoines joignent même à ces décorations le titre de *monseigneur*.

La dignité de patriarche ne se donnoit anciennement qu'aux évêques qui occupoient de grands siéges, indépendans de l'église romaine, tels que *Constantinople, Alexandrie, Antioche et Jérusalem.* Le patriarche de Lisbonne jouit à la cour des plus brillantes distinctions. Il a le pas, non seulement sur les évêques et archevêques, mais aussi sur tous les grands du Portugal. Si le roi défunt eût vécu plus long-temps, ou que M. de Pombal eût toujours continué de faire les fonctions de premier ministre, cette place eût pu devenir un jour très-préjudiciable à la cour de Rome, dont le Portugal commençoit à ne plus porter le joug si patiemment. Ne l'a-t-on pas vu recevoir avec une froide indifférence l'interdit que lança le pape, au sujet de l'expulsion des jésuites? Le ministre même dédaigna de faire des démarches pour obtenir qu'il fût levé. Le peuple, habitué à avoir sous les yeux une image parfaite du souverain pontife, en seroit venu facilement à regarder les indulgences et les dispenses qu'il recevoit du patriarche, comme aussi valides que celles qu'il faisoit venir de Rome à grands frais. Le S. Siége avoit déja reçu plusieurs atteintes. L'expulsion des jésuites avoit été opérée sans son concours, et au mépris de sa puissance. La cour de Lisbonne avoit renvoyé son nonce.

Un père Fereira, théologien habile, avoit soutenu, dans une thèse publique, que les papes n'étoient pas infaillibles. La cour de Rome, après de pareilles tentatives, contre lesquelles elle avoit vainement lancé ses censures et ses foudres, devoit donc craindre qu'on en vînt bientôt à méconnoître tout-à-fait son autorité. Mais, depuis le nouveau règne, le pape a repris tout son pouvoir; le nonce, qui jusque là, avoit joué un rôle fort peu considérable, a recouvré son crédit, s'est fait rendre par la reine des privilèges à l'abandon desquels M. de Plombal avoit eu beaucoup de peine à faire consentir la cour de Rome. Les moines ont usurpé de nouveau les rênes du gouvernement.

Les jésuites qui étoient tout-puissans en Portugal, avoient, ainsi que dans toute l'étendue de la chrétienté, abandonné le peuple à la tourbe des moines, et s'étoient emparés des grands et du trône. Philosophes à quelques égards, savans revêtus d'un masque d'austérité et de zèle religieux, ils avoient pris pour tâche d'éclairer les nations, de propager par-tout la foi. Leur empire eût duré davantage s'ils s'en fussent tenus-là; mais ils voulurent s'occuper des choses plus élevées. Ils se mêlèrent du commerce, de la politique, des guerres; ils s'insinuèrent dans les cours, et donnèrent de l'ombrage. On les accusa d'avoir armé le fanatisme, aiguisé les poignards. Innocens ou coupables, tous furent renvoyés de Portugal; plusieurs autres puissances ont ouvert les yeux sur leur ambition dangereuse et trop peu déguisée. L'Espagne, la France, Venise, le pape même aujourd'hui, les ont expulsés: et la difficulté qu'on a eue à détruire cet ordre, a prouvé enfin à tout le monde, combien il pouvoit devenir redoutable.

Mais voici les premiers motifs qui décidèrent les cours de Portugal et d'Espagne à les renvoyer. Elles vouloient faire un traité dont l'unique objet étoit d'empêcher la contrebande qui avoit lieu à la colonie portugaise du Saint-Sacrement: il s'agissoit seulement d'échanger cette colonie contre quelques établissemens dans le Paraguay, où les jésuites dominoient en souverains. Deux années se passèrent sans que cet échange pût avoir lieu. Il fut contrarié par les intrigues des jésuites, qui, disoit-on, s'étoient emparés de l'esprit du marquis de la Ensenada, alors premier ministre d'Espagne. On attribua sa chute à l'obstination de son refus.

Les jésuites qui, du consentement des deux puissances, s'étoient établis dans le Paraguay, sous prétexte d'y propager la foi, y eurent bientôt de nombreux prosélytes. Le pays se peuploit, les Sauvages se civilisoient et se soumettoient avec plaisir à un gouvernement qui étoit réellement doux et sage : mais les jésuites, ne se bornoient pas aux seuls intérêts de la religion ; ils acquéroient une autorité sans limites. On s'égaya d'abord sur ce prétendu royaume du Paraguay, et sur le père jésuite élu roi sous le nom de Nicolas Ier. Cependant les deux cours commencèrent à concevoir de l'ombrage. Bientôt les jésuites furent accusés de trahison et de rébellion. On envoya des troupes dans cette colonie qu'ils avoient rendue si florissante.

Les Sauvages se défendirent ; les jésuites resistèrent quelque tems ; mais enfin ce beau pays, qui étoit en grande partie leur création, fut livré aux ravages de la guerre.

L'assassinat du roi de Portugal suivit de près cette espèce de révolution au Paraguay. On eut de fortes raisons pour le leur attribuer ; dès-lors leur arrêt fut porté. Ils furent tous bannis et envoyés à Rome. Par-tout leurs biens furent confisqués. Le ministre portugais, inflexible dans son ressentiment, n'eut égard ni aux prières, ni aux menaces du Saint-Siége; et à la fin de 1759, il n'y avoit plus un jésuite en Portugal.

Mais je reviens au clergé de ce royaume. On y compte trois archevêques et dix évêques, qui tous sont à la nomination du roi; le quart de leur revenu est destiné à différentes pensions, auxquelles les ecclésiastiques n'ont aucune part; les évêques portent le titre de *seigneurs*, et les archevêques celui de *seigneurie illustrissime*; les trois archevêchés ou métropoles, sont: *Braga*, *Evora*, *Lisbonne*; et les dix évêchés sont : *Porto-Lamego*, *Miranda*, *Viseu*, *Guarda*, *Coimbre*, *Leiria*, *Elvas*, *Portalègre et Algarve.*

Les Portugais portent la superstition plus loin qu'aucun autre peuple: ils mettent une aveugle confiance dans leurs saints; et quoique plusieurs patriarches respectables aient aboli la plupart des momeries que l'ignorance avoit enfantées, le caractère portugais a prévalu : il comporte l'alliage monstrueux des pratiques les plus superstitieuses aux désordres les plus coupables. Les Portugais adorent les statues de leurs saints, et violent les plus saintes loix de la morale, les préceptes les plus rigoureux de leur religion : ils errent sans cesse du crime à la pénitence, et de la pénitence au crime : ils tremblent au seul nom du diable et de l'enfer, et se livrent à tous les excès de la débauche la plus crapuleuse : leur stupide crédulité est consacrée par le gouvernement lui-même. Lors de la guerre de la succession d'Espagne, les troupes portugaises qui suivoient le parti de l'archiduc, n'ayant point de chef, et désirant en avoir un qui fût Portugais, imaginèrent d'élire pour leur général St. Antoine, né à Lisbonne, et leur patron. Le roi Dom Pedre lui en expédia la commission, avec 300,000 reis d'appointemens. Ce saint est encore général de l'armée; et tous les ans, la veille de sa fête, le roi va l'attendre à son église, et porte avec lui la pension de ce *vaillant* général. A son passage, tout le monde se prosterne, et, dans cette effigie de bois, adore le premier protecteur du Portugal.

Autrefois les processions étoient très-nombreuses, et bien plus propres à ridiculiser la religion, qu'à la faire respecter. Dans ces derniers temps on en a réformé une partie. Celle de la Fête-Dieu, qui existe encore, passe pour être la plus pompeuse de toutes celles de la chrétienté catholique : les rues par où elle passe sont jonchées de fleurs et tapissées des plus riches étoffes : chacun étale, avec empressement ce qu'il a de plus précieux. La statue de St. George, qui, depuis l'alliance des Portugais avec les Anglais, est devenue très-respectable, commence la marche dès trois heures du matin. Cette statue d'argent, est à cheval sur une haquenée blanche : le saint est précédé de son page à cheval; et des valets de pied lui tiennent les étriers. Les femmes les plus opulentes prêtent leurs diamans pour en orner le chapeau du saint : il y en a plusieurs qui lui appartiennent en propre; et ce sont les plus beaux. Tous les chevaux du roi, richement caparaçonnés, suivent le saint; tous les religieux se trouvent en corps à cette procession; les chevaliers de différens ordres y sont en habits de cérémonie. Tous les tribunaux supérieurs et inférieurs viennent ensuite. Enfin, la marche est fermée par le roi, la cour et les personnages les plus distingués du royaume : elle dure ordinairement six heures. La reine et le reste de la famille royale sont hors de l'église, dans une tribune que l'on construit à cet effet à côté du portail.

En général, toutes les cérémonies religieuses se font, à Lisbonne, avec une magnificence extraordinaire. Il n'est point de pays où l'on sacrifie davantage aux pratiques extérieures de la religion, et où cependant on en viole plus impudemment les préceptes.

L'inquisition, qui autrefois étoit en Portugal un tribunal sévère, est devenue très-modérée sous le ministère du marquis de Pombal: les seules victimes sont quelques juifs, quelques prêtres scandaleusement débauchés, ou professant des hérésies qu'ils soutiennent par ignorance et par fanatisme; quelques indiscrets qui médisent du saint tribunal; encore ne sont-ils punis que par le fouet et le bannissement. Dans le dernier *autodafé*, qui fut célébré en 1766, il n'y eut pas un seul *figuron* (c'est ainsi qu'on appelle ceux qui figurent, comme délinquans, dans cette cérémonie). Alors la *fête* est sans attrait pour le peuple: cette indulgence, prolongée, finiroit bientôt par l'en dégoûter.

Le saint-office avoit autrefois une telle autorité, que les autres tribunaux souverains étoient obligés de lui rendre compte des procédures, toutes les fois qu'il l'exigeoit. Le marquis de Pombal avoit réformé cet abus; à peine l'inquisition osa-t-elle lui en demander la raison. Ce tribunal sanguinaire, qui faisoit trembler l'innocent comme le coupable, trembloit lui-même devant ce ministre : mais à présent il redevient plus puissant que jamais; et son nouveau règne va, sans contredit, être annoncé par quelque barbarie qu'on exercera sur des imbécilles, qui finiront par être les victimes de leur entêtement et de leur ignorance.

Les avis sont partagés sur l'origine de l'inquisition en Portugal : on raconte beaucoup de fables à ce sujet. Suivant les uns, en 1536, sous le règne de Jean III, un hérétique arracha l'hostie des mains d'un prêtre qui célébroit la messe; le roi fit punir sévèrement ce sacrilége; et, malgré la répugnance que les Portugais lui montrèrent pour l'inquisition, il établit ce tribunal dans tous ses états. D'autres prétendent que, lorsque les juifs furent chassés d'Espagne en 1482, le roi de Portugal les reçut dans son royaume, en leur défendant toutefois l'exercice de leur religion : mais, comme ils enfreignoient cette défense, le roi pria le pape de lui envoyer des inquisiteurs, pour découvrir et punir les coupables. Quoi qu'il en soit, ce fut sous le règne de Jean III qu'arriva de Rome la bulle qui établissoit ce tribunal : la charge de grand-inquisiteur fut donnée à *D. Diego de Silva*, évêque de Ceuta, et alors confesseur du roi.

On érigea, sous le même règne, trois tribunaux de l'inquisition ; un à Lisbonne, le second à Coimbre, le troisième à Evora. Celui de Lisbonne est le plus considérable ; le général y tient ses séances. On ne connoît que trop les détails de cette révoltante institution : le tableau que je retracerois de ses cachots, de ses chaînes, de ses bûchers, de tous ces tourmens inventés pour honorer un Dieu que l'on représente comme clément, ne pourroit ajouter à l'horreur universelle qu'elle inspire.

Les juifs sont ceux qui en ont le plus souffert, quoiqu'ils aient apporté de très-grandes richesses dans le royaume ; car lorsqu'ils furent chassés d'Espagne, plus de 30,000 de leurs familles se retirèrent en Portugal, et payèrent huit écus de capitation par tête. Le gouvernement se repentit bientôt de leur avoir donné un asyle. Les erreurs de la synagogue y jetèrent dès-lors de profondes racines, et y sont encore fort répandues : elles ont gagné les nationaux eux-mêmes, dont toutes les horreurs de l'inquisition n'ont pu corriger le penchant irrésistible vers le judaïsme. Les juifs portugais, qui sont en très-grand nombre, et répandus dans toutes les parties de l'Europe, proposèrent à Jean V de lui donner deux millions de cruzades par an, et d'entrer pour moitié dans les frais de la construction de la Patriarchale, à condition toutefois qu'on leur accorderoit le village et le château d'*Armada*, situé sur la rive gauche du Tage, vis-à-vis Lisbonne. Soit politique, soit motifs de religion, le gouvernement rejeta leur demande. Cet établissement ne pouvoit cependant lui porter ombrage : on eût pu limiterle nombre des familles qui eussent peuplé cette rive, entièrement séparée de Lisbonne par une baie de trois lieues ; ils n'eussent jamais pu rien entreprendre; leurs rites n'eussent pas produit un effet plus dangereux qu'ils n'en produisent aujourd'hui, qu'ils sont cachés et répandus dans laville. Chacun étant tenu, tous les ans, à Pâques, de remettre au commissaire nommé à cet effet les billets de confession et de communion,

nion, les juifs, qui trafiquent de tout, s'en procurent, pour de l'argent, parmi le peuple, sur-tout parmi les courtisans, et se font ainsi passer pour catholiques.

Il est concevable que les moines vivent dans le libertinage le plus effréné; mais on n'est pas peu étonné en apprenant que chaque couvent de religieuses est une espèce de sérail cloîtré, où la débauche effrontée trouve facilement à se satisfaire. Celui d'*Odivelas* étoit, sous Jean V, composé de 300 religieuses, toutes jeunes et belles; chacune d'elles avoit un amant connu; elles étoient rarement vêtues de l'habit de l'ordre : livrées à la galanterie la plus raffinée, elles passoient pour les courtisanes les plus séduisantes du royaume. C'est de là que sont sortis les nombreux bâtards du roi Jean V, qui faisoit de ce couvent son véritable harem. Le marquis de Pombal, à qui déplaisoit, en général, cette multiplicité de couvents, prit prétexte de ce scandale pour en réformer un grand nombre, et les incorporer dans d'autres maisons religieuses, un peu moins mal famées. On peut cependant encore regarder les monastères des deux sexes, en Portugal, comme les plus corrompus de la chrétienté.

Je terminerai ce chapitre par quelques détails sur les différens ordres qui ont été institués en Portugal, et qui subsistent encore. Etablis par le fanatisme des chrétiens dans les temps d'anarchie, ils se sont soutenus assez long-temps, graces à l'esprit d'union qui y régnoit, et au courage des chevaliers, constamment tenus en haleine par l'opposition des Maures; et, sous ce rapport, ils se rendoient utiles au souverain.

Il y a trois ordres en Portugal: celui du *Christ*, celui de *Saint-Jacques*, et celui d'*Avis*. Le roi, comme grand-maître, en tire plus de deux millions de cruzades.

L'ordre du *Christ* fut établi par le roi Denys, en 1319, sur les ruines de celui des Templiers. Outre les biens de ce dernier, qu'il donna à celui qu'il créoit, il ajouta encore la ville de *Castro-Marino*, avec son territoire et ses dépendances. Le grand-prieuré de cet ordre, qui étoit originairement dans la ville de *Castro-Marino*, fut transporté dans celle de *Thomar*, où il est actuellement. Ce grand-prieuré renferme plus de 450 commanderies, et a plus d'un million de revenu. Tous les chevaliers de l'ordre, indistinctement, portent la croix pendue au col avec un ruban rouge et une autre brodée sur leurs habits : c'est une croix de patriarche, couleur de gueule, chargée d'une autre d'argent.

Aussitôt que la guerre avec les Maures fut terminée, cet ordre cessa d'être estimable. Il est actuellement très-mal composé, la vanité des *fidalgos* leur ayant inspiré l'idée d'être servis par des chevaliers de cet ordre. Ainsi, plusieurs de leurs domestiques y sont revêtus de ces marques; et quoique le roi ne dédaigne pas de les porter, l'ordre n'en est pas moins méprisé, même en Portugal. Chacun peut l'obtenir avec de l'argent; aussi beaucoup de simples marchands et des courtiers en sont décorés.

Celui de *St. Jacques*, qui fut créé en 1290, démembré de celui qui existe en Espagne sous le même nom, a le grand-prieuré de *Pamela*, contient 150 commanderies, et jouit de 600 mille liv. de rente; il doit ses instituts et son établissement au fameux voleur Fernandez, qui, pour gagner le ciel, consacra à Dieu toutes les iniquités qu'il avoit commises, et dirigea sa bravoure, sa fureur et ses cruautés contre les Maures. Cet ordre, qui étoit institué pour défendre les Chrétiens contre les ravages des Infidèles, étoit dans ce temps-là redoutable, parce qu'il étoit devenu puissant par les grandes acquisitions qu'il avoit faites sur les Maures. Il n'est guère mieux composé que celui du Christ.

L'ordre d'*Avis* a son grand-prieuré à *Avis*, et contient 50 commanderies, et a 500 mille livres de rente. Il avoit été institué par des moines. Il fut autrefois uni à l'ordre espagnol de *Calatrava*; mais il s'en est séparé.

Les rois de Portugal ont beaucoup affoibli le pouvoir de ces ordres, en s'appropriant la grande-maîtrise. Il y a aussi en Portugal des chevaliers de St. Jean ou de Malte. Les Portugais sont bien éloignés d'honorer cet ordre comme les autres nations. Ici, chacun peut prendre la croix de Malte, la quitter et la reprendre quand bon lui semble; cet ordre a vingt-cinq commanderies, et jouit de 700 mille liv. de rente.

Alphonse I^er^. avoit institué un autre ordre, nommé de l'*Aile*, mais cet ordre a été abandonné par les rois suivans.

# CHAPITRE VI.

## *Mœurs et Coutumes des Portugais.*

Le Portugais est naturellement fier, superbe et courageux, et déteste, en général, toute autre nation; il croit sincèrement qu'il n'y en a pas dans l'univers de plus éclairée et de plus accomplie que la sienne. Sa haine contre l'Espagnol est inexprimable; il a même de l'aversion pour les Anglais, qu'il regarde comme ses plus redoutables ennemis. Je ne sais si c'est prévention nationale, mais j'ai cru m'appercevoir, à Lisbonne, qu'on n'y voyoit pas les Français d'un mauvais œil. Ses habitans nous considèrent comme intrépides; ils estiment notre militaire, dont ils ont la plus haute idée; d'ailleurs, notre vivacité sympathise assez avec la leur. Ils sont, ce qu'on se persuade difficilement ailleurs, enclins à la gaieté, et ils s'y livrent quand ils sont à leur aise. Il est, je pense, peu de peuple plus laid que celui de Portugal. Il est petit, basané, mal conformé: l'intérieur répond, en général, assez à cette repoussante enveloppe, sur-tout à Lisbonne, où les hommes paroissent réunir tous les vices de l'ame et du corps. Il y a, au reste, entre la capitale et le nord de ce royaume, une différence marquée sous ces deux rapports. Dans les provinces septentrionales, les hommes sont moins noirs et moins laids, plus francs, plus lians dans la société, bien plus braves et plus laborieux; mais encore plus asservis, s'il est possible, aux préjugés. Cette différence existe également pour les femmes : elles sont beaucoup plus blanches que celles du sud.

Les Portugais, considérés en général, sont vindicatifs, bas, vains, railleurs, présomptueux à l'excès, jaloux et ignorans (1). Après avoir retracé les défauts que j'ai cru appercevoir en eux, je serois injuste si je me taisois sur leurs bonnes qualités. Ils sont attachés à leur patrie; amis généreux, fidèles, sobres, charitables. Ils seroient bons chrétiens, si le fanatisme ne les aveugloit pas. Ils sont si accoutumés aux pratiques de la religion,

(1) Voilà bien des inculpations. Il faut avoir vu une nation de très-près et pendant long-temps, pour prononcer avec connoissance de cause, qu'elle les mérite toutes ; et il faut être au moins bien léger pour décider qu'une règle aussi sévère ne souffre pas d'exceptions. (*E.*)

qu'ils sont plus superstitieux que dévots. Les fidalgos, ou les grands de Portugal, sont très-bornés dans leur éducation; orgueilleux et insolens, vivant dans la plus grande ignorance, ils ne sortent presque jamais de leur pays pour aller voir les autres peuples. La famille de M. le marquis de Pombal, que j'ai beaucoup fréquentée, est à-peu-près la seule où j'aie trouvé de l'acquis, une connoissance assez étendue des autres peuples : elle parle notre langue, l'anglais, l'italien avec facilité; et ce qui me plut infiniment en elle, c'est de voir qu'elle jugeoit très-sainement, et sans aucun préjugé, sa propre patrie; chose rare, même chez les peuples les plus instruits et les plus policés. Si quelque seigneur portugais voit jamais ce que j'écris, j'acquerrai des titres à sa haine (1); car il a voué ce sentiment à tout ce qui tient au nom de Pombal. Il y a quelques autres maisons, en très-petit nombre, où l'on trouve des bibliothèques; encore ces maisons et leurs bibliothèques, sont-elles fermées aux étrangers.

(1) Si *monsieur le duc* avoit survécu à l'impression de son manuscrit, il seroit du moins convenu que cette *haine* eût été assez bien motivée. (*B.*)

A l'égard des Portugaises, on peut, sans exagération, vanter beaucoup leurs charmes. Il n'y a pas d'Européennes qui aient une plus belle carnation. Elles ont les dents blanches, des cheveux très-beaux, très-fournis, qui, ordinairement, leur descendent jusqu'aux talons; elles en ont beaucoup de soin, et les relèvent en *catogans* énormes, souvent plus larges que leur tête; elles y ajoutent des fleurs et des diamans, qu'elles placent avec beaucoup de coquetterie et d'art: elles ont toutes de beaux yeux noirs fort expressifs; et comme en Portugal, ainsi qu'en Turquie, avoir, ou paroître du moins avoir beaucoup de gorge, est un principal agrément dans une femme, elles recourent à toutes les ressources de l'art pour en augmenter le volume, quand la nature les a traitées, à cet égard, avec parcimonie; et ce genre de coquetterie manque tout-à-fait son but, les Portugaises, en général, s'habillant d'une manière peu favorable. Si elles avoient de grandes culottes, leur habillement ressembleroit à celui des femmes Turques: elles portent le jupon court, sont mal chaussées: leur démarche est lente et sans grace; leurs jambes vilaines et leurs pieds larges: cependant, avec une taille un peu plus avantageuse, les Portugaises pourroient, en général, passer pour de belles femmes. Elles ont beaucoup d'esprit, et peut-être plus de vivacité encore que les Françaises. Quant à la galanterie, elles l'emportent sur toutes les femmes de l'Europe: elles ont dans l'expression cette tendresse séduisante qui appelle et promet le plaisir; mais s'il est facile, il est encore plus dangereux de l'obtenir auprès d'elles; et ce danger est de plus d'un genre. Un tête-à-tête conduit presqu'infailliblement au succès; mais on ne l'obtient pas sans peine, ce tête-à-tête: comme les maris et les parens connoissent l'extrême foiblesse de leurs femmes et de leurs filles, ils viennent à leur secours par une surveillance continuelle; ils ne les abandonnent jamais à elles-mêmes; ils espionnent ceux qui rôdent autour de la maison; et s'il y entre ou s'il en sort quelqu'un qui éveille leur soupçon, ils lui plongent dans le cœur un couteau (1) dont ils sont toujours munis.

(1) Tous les historiens s'accordent à peindre, sous les mêmes traits, les femmes portugaises. Peut-être l'auteur du *Tableau de Lisbonne*, qui vient de pa-

Les dames d'un certain rang s'habillent à la française, à l'exception de leur tête, qu'elles arrangent à la mode de leur pays.

roître, a-t-il employé, pour retracer leur caractère, des couleurs un peu trop sombres. « L'amour, dit-il, les rend ingénieuses et adroites ; leur esprit inventif, fertile en ressources, ne leur manque jamais au besoin. Exercées de bonne-heure dans l'art de feindre, elles y excellent ; leur visage ne se déconcerte jamais ; la dissimulation s'y déguise sous le masque d'une innocente candeur ; jamais une rougeur indiscrète ne trahit leur pensée : elles paroissent avoir la vérité sur leurs lèvres, mais elle est rarement dans leur cœur. Ce sont de vrais Protées : elles prennent la forme qu'elles veulent, celle qui convient à leurs intérêts secrets ; cependant elles sont bonnes, obligeantes, affectueuses, etc. »

Murphy veut que les Portugaises soient en même-temps chastes et galantes. « Elles sont, dit-il, *chastes*, modestes et extrêmement attachées à leurs maris ». Il paroît cependant que leur attachement et leur fidélité ne les accompagnent pas dans les églises. « Là, continue le même voyageur, est le théâtre *unique* de leurs soupirs et de leurs signes amoureux. Malgré toute la vigilance des duègnes, les amans parviennent à échanger entr'eux des billets doux, et avec une telle adresse qu'il est impossible de s'en appercevoir. Les enfans qui servent la messe, sont souvent les porteurs de ces messages galans. Lorsqu'un de ces petits mercures est chargé d'une missive, il s'insinue parmi les assistans.

Les femmes sont ordinairement assises sur leurs talons, comme les Turcs : elles ont une natte de jonc étendue par terre, sur laquelle elles s'accroupissent. Un jour que j'étois chez l'ambassadeur de France, la femme d'un des grands du royaume vint lui faire visite : on lui proposa de s'asseoir sur un canapé ; la Portugaise, en s'y plaçant, comme un garçon tailleur sur un établi, fit un mouvement qui ne laissa pas d'égayer les assistans, sans toutefois réveiller en eux des idées voluptueuses : elle avoit depuis long-temps passé l'âge de la séduction.

Les hommes sont vêtus à la française, ou du moins à l'européenne ; ils ont un manteau dans lequel ils s'enveloppent, et portent une épée d'une longueur excessive ; ils sont tous d'une grande malpropreté, qui contraste ridiculement avec la couleur tendre

Arrivé jusqu'à la belle, il se met à genoux, répétant son *Ave maris stella*, en se frappant la poitrine. Après avoir fini sa prière et fait le signe de la croix, il se prosterne dans toute sa longueur ; et pendant qu'il baise avec ferveur la terre, il glisse la lettre sous la robe de la dame, et en prend une autre. Quelquefois, en sortant de l'église, les mains des amans se rencontrent dans le même bénitier, s'unissent, se serrent et se communiquent des billets doux. ( *B.* )

de leurs habits, et les riches galons dont ils les chargent, ainsi que leur chapeau.

Les Portugais sont d'une jalousie extrême; aussi les femmes ont-elles tout l'extérieur de l'austérité : elles ne sortent jamais sans une vieille négresse, qui leur sert de gouvernante, et les suit aux églises, aux spectacles et aux promenades. C'est à ces duègnes qu'on s'adresse quand on veut suivre une intrigue : sans elles on ne peut parvenir à rien ; mais l'argent, dont elles sont fort avides, applanit les difficultés; malheur, cependant, à celui qui est soupçonné par le mari ou par l'amant ! rarement leur jalousie pardonne, et tôt ou tard on court risque de tomber sous leur poignard. Comme ils savent que c'est aux églises que se donnent les rendez-vous, il y a fort peu de maisons qui n'aient leur chapelle, pour ôter aux femmes l'occasion de sortir : de là est venu le proverbe qui dit que les femmes portugaises ne vont que trois fois aux églises, pour y être *baptisées, mariées* et *enterrées*. On les laisse néanmoins aller au spectacle, parce qu'elles y sont séparées des hommes, et sur-tout des étrangers.

La nation portugaise, affamée de dissipations, aime la musique, la danse, les spectacles, les combats des taureaux, en un mot, tout ce qui peut lui retracer les plaisirs des sens, et même la religion. Sous l'influence d'un climat brûlant, elle poursuit la volupté, et veut l'atteindre à tout prix.

Le péché que les Portugais reconnoissent pour le plus grand, est celui de *la chair*; et c'est précisément celui auquel ils se livrent avec le plus d'emportement : leur dévotion, leurs saints, l'enfer, rien n'est capable de les arrêter; aussi tout se ressent de ce désordre; leurs mœurs, leurs habitudes, et sur-tout leur santé. Si l'on en excepte les Espagnols, il n'y a pas de peuple qui soit aussi maltraité de la maladie vénérienne, que les Portugais; elle a même pour eux des effets inconnus par-tout ailleurs. On a vu des femmes prostituées donner, dans quelques minutes, la mort à tous ceux qui les approchoient; le venin est si subtil, qu'on peut le comparer à la plus violente peste. Le Portugais ignore les moyens de se guérir; une fois que son sang est gâté, c'est pour toujours: il vit avec ce fléau, comme on vit avec la goutte; il est vrai que les chaleurs excessives et les transpirations continuelles, en atténuent les résultats : tel le brave dans le midi de l'Europe, qui ne pourroit y résister dans le nord.

Les chansons des Portugais sont très-licencieuses; ils s'accompagnent d'une guitare, qu'ils font résonner avec assez de grace : leur musique est gaie, vive, et n'est pas sans attrait; mais ce qui surprend tous les étrangers qui viennent en Portugal, c'est cette danse nationale, dont j'ai déjà parlé, et qu'on nomme la *fossa* : on la danse, non-seulement dans les rues et dans les campagnes, mais encore sur le théâtre de la nation, où elle est exécutée avec autant de lubricité que par-tout ailleurs; et ces grossiers excès, les Portugais savent les concilier avec leur prétendue dévotion. En voici un exemple, entre plusieurs autres : Les nègres, qui sont très-nombreux en Portugal, portent des reliques ou de petites images de Jésus, qu'ils promènent et cherchent à vendre dans toute la ville; ils sont ordinairement accompagnés de tambours, de violons, de trompettes, et souvent on voit l'un d'eux danser la *fossa* devant ces objets de la vénération publique; contraste révoltant, dont le scrupule ne paroît pas s'offenser.

Très-souvent, en rentrant chez moi, vers minuit, je rencontrois des troupes d'hommes et de femmes, qui passoient la nuit à cette danse. Dans le temps des chaleurs, le peuple, ainsi que la plupart de ceux d'Italie, court toute la nuit, accompagné de tambours et de guitares.

Les spectacles sont, en Portugal, au-dessous de la critique; ils manquent également de pièces et d'acteurs: c'est toujours une intrigue amoureuse, accompagnée d'un bouffon, comme en Espagne, appelé *Gracioso*, qui cherche à égayer l'auditoire de ses niaiseries et de ses propos dégoûtans. A côté de lui paroît souvent une femme qu'on nomme *Graciosa*, et qui est mise avec beaucoup d'élégance. Ce genre national, absolument inconnu en France, paroîtroit sans doute trop peu décent pour réussir sur notre théâtre. Ces acteurs portugais, au reste, chantent et dansent avec beaucoup de grace; leurs petites pièces, connues sous le nom d'*Intermèdes*, sont assez bonnes; la musique en est même excellente et pleine de goût, mais les acteurs sont mauvais. Les Portugais ont traduit plusieurs de nos pièces et de nos opéra comiques, qu'ils jouent rarement. Ils ont aussi traduit un très-petit nombre de pièces anglaises. Ils représentent, par-dessus tout, beaucoup de drames espagnols. Il y avoit à Lisbonne un bon théâtre pour les opéra italiens : les *Balestini*, les *Zamparini* et les *Perez*, y exécutoient les morceaux les plus savans ; mais les entrepreneurs ont fait banqueroute ; les acteurs, chanteurs et danseurs ne sont pas encore payés et ne le seront vraisemblablement jamais. Outre cet opéra italien, le roi Joseph en avoit un qui étoit, je crois, le mieux composé de l'Europe : mais, depuis la mort de ce prince, tous ces acteurs ont disparu ; et les processions ont pris la place des divertissemens profanes : il ne reste plus que le théâtre portugais. Il n'y avoit que les femmes attachées à la cour, et celles des ambassadeurs et ministres étrangers, qui parussent à l'opéra du roi : toutes les autres femmes en étoient exclues, par une défense expresse de la reine, dont la jalousie étoit portée si loin, qu'aucune femme n'osoit se présenter devant elle.

Un des plus grands divertissemens pour la nation, c'est le *combat des taureaux*, spectacle barbare et fécond en accidens. Quant à la frénésie avec laquelle on y court, à

l'attrait

l'attrait qu'y trouvent les femmes sur-tout, et aux dangers qui résultent de cet attrait, pour l'innocence et la fidélité conjugale, les Portugais peuvent être entièrement assimilés aux Espagnols (1).

Avant le tremblement de terre les combats de taureaux se faisoient dans la grande place, en face du palais, avec un appareil qui ne subsiste plus aujourd'hui. Depuis, on a construit près de la ville, dans un endroit qu'on appelle *Campo Pequeno*, un amphithéâtre de forme octogone, qui peut contenir environ 15,000 ames : tout le monde y est placé sur les gradins et dans les loges; l'arène peut avoir 100 pieds de diamètre; le terrain est bien applani. Avant que le combat commence, les *Torréadores* à pieds et à cheval viennent d'abord saluer le roi ou les princes et princesses, si la famille royale est présente, et en son absence, le gouverneur ou *homme de justice* qui la représente, et qui doit toujours y assister. Ils demandent la permission de combattre, et l'ayant obtenue, chacun va prendre sa place. Le

(1) Voyez le tome II du *Tableau de l'Espagne moderne*, qui a paru l'année dernière, cinquième de la République.

premier cavalier combattant se met près de l'amphithéâtre, à la gauche de la porte par laquelle le taureau doit sortir; le second se place derrière le premier, à trente ou quarante pas; et le troisième et les autres, à la même distance. On sonne la trompette; le cavalier met sa lance en arrêt; on ouvre la porte à l'animal, et l'homme qui la lui ouvre, se cache en repliant la porte sur lui-même. Cet animal furieux tombe sur le premier objet qu'il rencontre; et c'est ordinairement l'un des combattans à cheval. L'adresse de cet homme consiste à arrêter le taureau, en lui placant le fer de sa lance entre les épaules; il ne lui est pas permis de le toucher autre part; le taureau mugissant fond sur le second qui le reçoit de la même manière, et souvent sur le troisième. L'animal est réputé *bon*, lorsqu'après avoir reçu la première lance, il recharge sur le même cavalier, jusqu'à deux et trois fois; alors le danger est imminent; il faut une grande dextérité de la part du cavalier, et une grande agilité dans le cheval, pour éviter la poursuite de l'animal en fureur. Il est vrai que les taureaux portugais ne sont pas, à beaucoup près, aussi dangereux que ceux d'Espagne; ils sont plus petits, moins féroces; ils ont une boule à chaque corne, et néanmoins, il arrive toujours des accidens. Je vis à Lisbonne un taureau qui tua un homme et sept chevaux en moins d'un quart-d'heure. Le comte d'Arcos s'étant hasardé à combattre un de ces animaux qui avoit les cornes brûlées, ainsi qu'ils les ont tous en ce pays, fut tué sur la place avec son cheval. Lorsque l'animal a épuisé sa première fureur sur les cavaliers, il court après les fantassins. L'agilité de ceux-ci est inexprimable. Il y a le long de la barrière qui ferme l'arène, des ouvertures de distance en distance, assez larges pour qu'un homme effacé puisse y trouver un passage; en sorte que, lorsqu'il est serré de trop près par l'animal, il l'évite en sortant de l'arène, ou en mettant un pied sur une planche qui dépasse de très-peu la barrière, et il s'élance ainsi dans l'amphithéâtre. Ces hommes sont si adroits, que lorsque le taureau vient pour les frapper, ils l'attendent et l'évitent, en effaçant seulement le corps. Ce n'est que lorsqu'on sonne la trompette pour la seconde fois, que les attaques des cavaliers cessent et que celles des fantassins commencent. Ceux-ci vont placer avec une extrême agilité, entre les cornes de l'animal déjà furieux, de petits dards, dont bientôt ses épaules sont couvertes. Sa fureur est alors au comble. Il mugit, il écume, ses flancs battent; il cherche par-tout une victime, pour se venger des tourmens qu'on lui fait endurer; mais la trompette se fait entendre une troisième fois: c'est le signal de la mort du taureau. Alors le *matador*, ou l'homme qui le combat à pied, se présente; il tient de sa main gauche un manteau de soie jaune ou rouge, et de l'autre une épée tranchante; il va attaquer l'animal; le taureau s'avance contre ce manteau de couleur qui lui blesse la vue; le matador saisit cet instant pour lui plonger son épée entre les deux épaules. L'animal tombe ordinairement du premier coup, et des applaudissemens universels célèbrent ce triomphe: ensuite quatre chevaux traînent le taureau hors de l'enceinte. Chaque cavalier reprend sa place, et un autre combat commence. On tue quelquefois ainsi quinze taureaux en une seule après-dînée. Ceux qui combattent le taureau à cheval sont quelquefois de la classe des nobles. Ceux-ci ont la permission de se présenter masqués.

Ce spectacle plaît singulièrement aux Portugais de tous les ordres, et sur-tout aux femmes. Il n'annonce pas beaucoup d'humanité dans les mœurs. On prétend cependant qu'il a de grands avantages, parce qu'il accoutume les hommes à affronter le danger, à le voir sans effroi, et à payer hardiment de leur personne dans les occasions périlleuses. Mais on paroît s'étourdir sur les effets funestes qui en résultent; c'est que par-tout où il y a des combats de taureaux, les assassins sont plus adroits que dans les autres pays; ils vont à ces combats pour prendre des leçons, et s'accoutumer à voir couler le sang: ce qui le prouve, c'est que tous les malheureux qu'on trouve assassinés, sont égorgés de la même manière que les taureaux. Les petits enfans font de ce genre de combat, un de leurs jeux favoris. Un d'eux joue le rôle du taureau, et les autres le tourmentent; aussi est-ce une grande fête pour eux que de voir ce spectacle en réalité. On les y mène dès l'âge le plus tendre.

Les processions de la *Fête-Dieu* et celles de la Semaine-Sainte sont le véritable carnaval des Portugais, et sur-tout celui de Lisbonne. Pendant cette dernière époque, le prétexte de visiter les églises, favorise d'autant plus les aventures galantes que ces pieuses visites se font de nuit. Aussi a-t-on calculé que c'étoit l'époque de l'année, à dater de laquelle on pouvoit compter sur le plus de baptêmes.

Lorsque l'on sonne la prière du soir, chaque famille se met sur le pas de sa porte et prie Dieu. Le père ou le plus ancien de la famille entonne. C'est l'heure où on entend dans toutes les rues un bruit sourd et général auquel les ouvriers concourent en continuant leur travail; c'est aussi l'heure à laquelle il faut le plus prendre garde à soi; car dès que la nuit approche, les immondices se jettent par les fenêtres et les voleurs commencent à rôder. Ceux-ci sont un peu plus dangereux que les ordures. Ils sont en grand nombre à Lisbonne et dans les environs, même partout le royaume. Il n'y a point de maréchaussée pour les surveiller. La punition la plus forte qu'on leur inflige, est la chaîne. Le peuple est pauvre et fainéant; le vol devient donc une de ses ressources pour avoir du pain. Ajoutez à cela plus de quinze mille nègres ou métis qui sont répandus dans Lisbonne et qui l'infestent. L'insuffisance et le sommeil des loix exposent bien des gens à tomber pendant la nuit sous le fer d'un assassin. Les meurtres se commettent même en plein jour ; ce qui ne doit pas étonner, puisqu'il n'y a dans Lisbonne, ni gardes, ni police, et que les assassins y trouvent, ainsi qu'en Italie, des asyles dans les églises ou les maisons privilégiées.

Les soldats eux-mêmes viennent la nuit vous arrêter et vous demander l'aumône ; et si vous ne la leur donnez pas de bonne volonté, ils la prennent de force. Les ruines occasionnées par le tremblement de terre, les souterrains immenses, les caves, sont les endroits où ces malheureux se sauvent et cachent ce qu'ils volent. Je fus arrêté plusieurs fois par des soldats, en rentrant de nuit chez moi, quoique j'eusse toujours un flambeau ; je les contentois souvent avec une douzaine de sous. Je fus très-choqué un jour qu'une sentinelle devant qui je passois, après m'avoir présenté les armes, m'appela pour me demander la charité. On verra au reste dans le chapitre qui traite du militaire, ce que sont les troupes portugaises.

Les voitures, dont on se sert à Lisbonne, sont des cabriolets à deux roues, traînés par deux mules. Si l'on veut parcourir la ville, et voir la bonne compagnie, il est presque indispensable d'en avoir une ; mais elles coûtent très-cher et roulent avec une extrême lenteur. Il n'y a que les personnes de la cour, les ambassadeurs, les ministres étrangers, qui ayent des chevaux. Toute autre personne ne peut avoir que deux mules à sa voiture; et chaque femme de condition, qui sort dans la sienne, a un écuyer à cheval qui la précède. Il n'est pas rare de voir ces écuyers décorés de l'ordre du Christ et servant leurs maîtres. J'ai vu plusieurs fois, en mangeant chez des seigneurs portugais, des militaires revêtus de leurs uniformes, et même ayant rang d'officiers, faire les fonctions de domestiques. Lorsqu'au mois de juillet 1777, je fus passer avec M. de Pombal trois ou quatre jours dans sa retraite, nous étions toujours servis par trois chevaliers de l'ordre du Christ, qui mettoient les plats sur la table, et les retiroient. Cet usage avilissant, a tellement passé en usage, qu'actuellement ceux même qui auroient de la répugnance à avoir de semblables domestiques, y sont, pour ainsi dire, obligés, si non pour eux, du moins, pour la représentation de leurs femmes.

En Portugal, les femmes partagent avec Dieu le culte qui lui est rendu par les hommes. Lorsqu'un homme entre chez une femme de fidalgo, il se prosterne à ses genoux, et ne se relève que lorsqu'il a fini son compliment. Une de ces femmes appelle-t-elle un homme, il va se mettre à ses genoux pour recevoir ses ordres. Il en fait autant, lorsqu'il lui présente quelque chose, ainsi que dans toutes les autres occasions où il a quelque service à lui rendre.

Les Portugais vivent avec beaucoup de simplicité et de frugalité ; ils sont sobres, mais mal-propres, et en général peu délicats. Souvent, en les surprenant à table, on les trouve mangeant avec leurs valets, qui, assez souvent, jouent et dansent avec leurs maîtres. Ceux-ci ne donnent presque jamais à manger. Un de leurs grands plaisirs c'est de boire à la glace pendant les fortes chaleurs. Mais il est très-difficile de se procurer de la glace, sur-tout à Lisbonne. Il faut y amener de douze lieues le peu de neige que l'on peut conserver au pied de la montagne d'Estrella, en la couvrant de feuilles et de terre, pour la garantir du soleil; on la transporte, pendant, la nuit, jusqu'aux rives du Tage, et on l'embarque pour Lisbonne, où souvent elle arrive à moitié fondue. On la vend 18 à 20 sous la livre. On a essayé de faire de la glace auprès de *Cintra* sur le haut d'une montagne; mais cette ressource a paru trop pénible et trop dispendieuse.

Les Portugais vivent continuellement dans la société des Anglais; ils en ont contracté toutes les mauvaises habitudes; par exemple, celle de porter la santé à table : ils se rendent insoutenables par cette manie. Ils ont aussi pris des Anglais, l'usage de boire beaucoup de thé le matin et le soir.

La cour de Lisbonne est sans aucune magnificence. Son palais est un édifice très-mesquin, à un étage. Il fut bâti après le tremblement de terre, sur une montagne assez éloignée de la ville. C'est-là que demeure toute la famille royale. Cette cour, sous le règne de Joseph Ier, quoique cérémonieuse, étoit un peu moins triste qu'à présent : elle n'étoit pas tout-à-fait étrangère aux divertissemens. Depuis près d'une année que ce roi est mort, elle a éprouvé, à cet égard, un changement notable. Les ministres et ambassadeurs étrangers, n'y paroissent guère que les jours de *gala* et de baise-main. La famille royale ne dîne jamais en public; et lorsqu'on va au palais, on n'y trouve pas même à s'asseoir. Le secrétaire d'état et les ministres sont obligés d'écrire sur leurs genoux. Le roi et la reine n'ont point de compagnies de gardes : ce sont les régimens de cavalerie en garnison à Lisbonne qui les accompagnent quand ils sortent. L'infanterie garde les portes du palais, et la reine a des hallebardiers pour sa garde. Il y a dix ans que ces hallebardiers n'avoient point d'uniformes.

Les seigneurs employés auprès de la famille royale vont au palais chaque semaine pour y faire leur service ; ils y sont logés très-incommodément : leur table, très-mal servie, est plus propre à inspirer le dégoût que l'appétit.

La cour va passer différentes saisons de l'année à quelques maisons de plaisance, telles que *Salvatierra*, *Quelus*, *Penhiera*, etc. Le roi actuel a quelque penchant pour la chasse : il ne s'y livre cependant pas sans la permission de son confesseur. On doit du moins le présumer d'après l'ascendant absolu que les prêtres exercent sur lui, ainsi que sur la reine. Pendant que j'étois à Lisbonne, cette princesse ayant accordé une grace qui fut improuvée par son confesseur, elle fut condamnée à jeûner huit jours, et à dire huit fois son chapelet.

Voici quelques traits du caractère des principaux personnages de cette cour. La reine mère est une femme entière, décidée; elle joint de l'instruction à beaucoup d'esprit; elle est dissimulée, fiere, et par-dessus tout jalouse à l'excès. Son cœur paroît étranger à la compassion; et on la croit très-peu affectionnée aux Français. Elle se souvient encore qu'elle a été élevée pour être mariée à Louis XV, et qu'elle eut la mortification de se voir renvoyée de la cour de France. Elle aime la chasse avec fureur, et va courir la grosse bête avec autant d'agilité qu'un homme. Elle avoit une grande aversion pour M. de Pombal; mais elle n'osoit la faire éclater; car ce ministre étoit plus puissant qu'elle et punissoit sévèrement ses ennemis, fussent-ils même du parti de la reine. On rapporte, au sujet de cette animosité, un trait assez singulier. Je ne le garantirai pas, quoiqu'il m'ait été attesté par des personnes très-dignes de foi.

Lorsque le roi alloit à *Salvatierra*, ou dans d'autres maisons de plaisance, les affaires obligeoient souvent le marquis de Pombal de rester à Lisbonne. Ce ministre avoit un frère nommé *Dom Juan Carvalho*, à qui il avoit fait obtenir la charge de grand-inquisiteur et qui lui étoit absolument dévoué. Il l'envoyoit à la cour, pour épier les actions de la reine, que sa politique lui faisoit redouter. La reine, qui étoit instruite du rôle que Carvalho jouoit auprès d'elle, voulut se débarrasser de cet espion incommode. Elle le fit appeler dans sa chambre; il y entra : on ne l'a plus vu depuis. Suivant les versions les plus avérées, elle le tua avec un mousqueton de chasse. Ce qu'il y a de certain, c'est que depuis ce moment Dom Juan Carvalho a disparu. Puisqu'elle étoit sans scrupule pour un pareil crime, il semble qu'il lui étoit plus utile de se défaire du marquis de Pombal, qui lui étoit encore bien plus odieux et devoit lui paroître encore plus redoutable. Mais il eût été difficile de le prendre au dépourvu. Il se méfioit de la reine, ainsi que de tous les seigneurs de la cour, de ceux même qui se disoient ou qui affectoient d'être ses plus intimes amis. Il étoit toujours escorté par un détachement de cavalerie, et par un corps de cent hommes, destinés seulement pour cet usage. Les officiers et les soldats de ce détachement ont été depuis incorporés dans divers régimens.

La reine étoit envers le roi d'une jalousie excessive; ce qui n'a pas empêché Joseph I . de se permettre de fréquentes infidélités, en bravant les accès de fureur auxquelles elle se livroit sans aucune retenue. Etant un jour sur son balcon, environnée de jeunes seigneurs, parmi lesquels se trouvoit le comte de *Tavora* ( c'étoit avant l'assassinat du roi ), elle apperçut ce prince qui montoit à cheval; et comme chacun des courtisans, fidèle à son rôle, louoit la grace avec laquelle le roi y étoit placé, la reine, en s'adressant au comte de *Tavora* qui étoit à côté d'elle, lui dit : « *Il est vrai que le roi* » *se tient très-bien*; *mais avouez qu'il se* » *tient encore mieux*, *quand il est avec* » *votre fille* ». Plaisanterie assez indécente dans une femme; mais qui prouve que la reine connoissoit les aventures galantes de son époux, et qu'elle en concevoit un violent dépit. Elle cherchoit à humilier le comte de Tavora dans toutes les occasions. On assure même que ce seigneur portugais n'entra dans la conjuration contre la vie du roi que pour se venger des mortifications qu'il éprouvoit.

Depuis la mort du roi Joseph I^er^, sa veuve a fait, en 1778, un voyage en Espagne pour voir Charles III, son frère ; et elle a su rendre utile au Portugal ce voyage, motivé par la politique au moins autant que par l'amitié. Elle a obtenu la restitution de l'île Sainte-Catherine, enlevée aux Portugais dès le début de la guerre qui avoit éclaté entre les deux puissances ; elle a été mettre la dernière main à un traité qui vient de se conclure entre l'Espagne et le Portugal (1).

(1) M. du Châtelet étoit dans l'erreur. Le traité de paix par lequel l'île de Sainte-Catherine fut restituée, fut signé le premier octobre 1777 ; et vers la fin du même mois, la reine douairière de Portugal vint trouver, à l'Escurial, son frère, dont elle étoit séparée depuis quarante ans. J'y étois alors. On remarqua qu'elle avoit conservé pour les Français, une aversion que son attachement pour le roi d'Espagne pouvoit seul contenir. Elle séjourna environ un an près de Charles III, mais ne réussit pas à se rendre agréable à ses entours. Pleine de hauteur et de caprices, exigeante et très-peu accessible, elle fit des mécontens dans toutes les classes. Les riches présens qu'elle emporta à son retour, servirent apparemment à la dédommager du peu de succès qu'elle avoit eu à la cour d'Espagne, mais ajoutèrent encore aux griefs qu'on avoit contr'elle. Elle avoit conservé le souvenir des moindres détails relatifs à son séjour en France ; et au bout de 55 ans, se rappeloit les statues du jardin de Versailles, les allées de son parc, etc., comme elle

La reine, fille aînée de la reine mère, est une femme vraiment digne d'estime et de respect; mais elle n'a pas les qualités qui constituent une grande reine ( 1 ). Personne n'est plus humain, plus charitable, ni plus sensible qu'elle; mais ces bonnes qualités sont gâtées par une dévotion excessive et mal-entendue. Son confesseur, qui a sur elle un ascendant illimité, lui fait employer à des actes de piété et de pénitence, un temps qu'elle pourroit employer bien plus utilement au bonheur de ses peuples, sans nuire au salut de son ame.

On l'a mariée à son propre oncle, pour suivre les intentions des loix, et pour qu'elle pût être reine après la mort de son père. La

eût pu le faire le lendemain de son départ. Elle mourut quelques mois après son retour à Lisbonne, regrettée seulement de son frère, qui tenoit beaucoup à ses parens, et de la reine de Portugal, sa fille. ( *B.* )

( 1 ) Le temps a justifié le jugement que notre voyageur portoit sur la reine; on sait qu'elle est tombée dans un état qui la rend incapable de gouverner, et que les ministres se sont emparés de toute l'autorité. Tout ce qu'ils font, paroît sous le nom d'une reine en simulacre, dont ils ne peuvent recevoir aucun ordre, et à laquelle ils ne peuvent rendre compte de leurs opérations. ( *B.* )

couronne

couronne a cependant pensé lui échapper, comme nous l'expliquerons plus bas. Cette reine signala son avénement au trône par des actes de bonté et de clémence. Elle fit ouvrir les prisons et sortir tous les malheureux qui y étoient détenus, quelques-uns depuis plus de vingt ans. J'ai vu deux filles qui y étoient entrées à la mamelle avec leur père et leur mère; elles ont, l'une dix-neuf et l'autre vingt ans; elles paroissent en avoir quarante: ce sont les filles du malheureux comte d'*Alorne*, qui fut enveloppé dans la conspiration. Son seul crime étoit d'avoir prêté, le matin du jour de l'assassinat, un fusil au jeune d'*Aveiro*, l'un des conjurés, qui le lui demanda pour aller à la chasse; il paya cette complaisance, ainsi que sa femme et ses enfans, par vingt-un ans de prison. Il est vrai que le marquis de Pombal avoit profité de l'occasion de la conjuration pour abaisser l'arrogance des seigneurs portugais, et réprimer les atrocités jusqu'alors impunies dont ils se rendoient souvent coupables. On en avoit vu tuer un de leurs domestiques ou tout autre particulier d'une classe inférieure, dès qu'il avoit le malheur de leur manquer, ou simplement de leur déplaire. La sévérité de

Pombal avoit mis un frein à ces horribles excès.

Le roi dom Pedre, mari de la reine actuelle, porte dans son extérieur l'empreinte de son ame simple et commune. Il est dévot jusqu'au fanatisme, silencieux, sombre, constamment occupé de prières et de processions ; il ne se mêle en rien du gouvernement, et il est en tout un vrai fantôme de roi. Il cède, et doit en effet d'après la constitution du royaume, toujours céder la droite à la reine. On a frappé une nouvelle monnoie portant deux faces, ainsi qu'en Angleterre, du temps de la reine Anne ; la reine est à la droite, le roi à la gauche ; elle a pour légende *Maria I et Petrus III, D. G. Port. et Alg. Reges*, 1777. Cette expression de *Reges*, qui sembloit indiquer que dom Pedre est roi régnant, est une pure courtoisie de la part de sa femme, puisqu'elle est seule en possession du gouvernement, et que dom Pedre est mari de la reine, sans être roi lui-même, et sans pouvoir porter la couronne.

Le prince du Brésil, appelé auparavant prince de Beira, est leur fils et l'héritier présomptif de la couronne. Sa figure est belle et très-distinguée ( 1 ). Quoi qu'il n'eût que 17 ans, on l'a marié, depuis la mort du roi, à sa tante, sœur de la reine, qui en avoit 32. Le feu roi avoit, dit-on, depuis deux ans, une dispense du Saint-Siége, pour contracter cette alliance. Pour en faire usage, il attendoit que le prince fût plus âgé. La princesse du Brésil est une femme aimable, pleine de talens et de douceur, et la plus jolie de toute la cour. Elle avoit été proposée

( 1 ) Tel est, dans le *Tableau de Lisbonne*, le portrait du prince du Brésil actuel, frère de celui que notre voyageur a connu, qui alors étoit prince de Beira, et qui, depuis, a épousé la fille aînée du roi d'Espagne. « Ce prince ( dit l'auteur très-moderne que nous citons, sans lui servir de caution ), ce prince est naturellement bon, mais il est jeune ; l'expérience n'a point éclairé son esprit, elle n'a point fortifié son courage. Il est timide, et ses ministres le rendent pusillanime ; il veut tout savoir, et ses ministres lui cachent tout ; il veut gouverner, et ses ministres l'éloignent du gouvernement ; il croit régner, et il n'est que le prête-nom des ministres qui règnent sous lui. On exerce, sous ses yeux, des actes d'un despotisme inoui ; on les exerce sous le nom de la reine, sa mère. » Le prince est censé, aux yeux des peuples trompés, y donner sa sanction, tandis que souvent on lui fait des rapports infidèles, tandis que plus souvent on ne lui rend aucun compte. ( *B.* )

pour épouse à Joseph II, empereur; mais plusieurs raisons politiques s'y opposèrent. Il y a présentement un jeune prince de Beira (1) qui est aussi d'une jolie figure; mais tous les hommes de la maison de Bragance, ont une maladie héréditaire, dont le principal symptôme est une enflure aux jambes. Le feu roi en étoit attaqué; dom Pedre l'est également, et l'enflure commence à gagner les cuisses.

Lorsque, du vivant du roi Joseph, il portoit le seul titre d'infant, il vivoit souvent à Quelus, très-jolie maison de campagne à trois lieues de Lisbonne. Le marquis ne pouvoit le souffrir, et cherchoit toutes les occasions de l'humilier. L'infant dom Pedre se tenoit donc, autant qu'il pouvoit, éloigné de la cour; et son absence ne faisoit qu'augmenter le crédit de son ennemi, dont la puissance étoit principalement fondée sur la foiblesse et l'imbécillité des seigneurs.

L'archevêque de Braga, frère de dom Pedre, a été le moins tourmenté de la famille; il réside toujours dans son archevêché. On a cherché à l'en retirer, pour qu'il vînt vivre auprès du roi son frère; il a éludé l'invita-

(1) C'est le prince du Brésil actuel. (*B.*)

tion dont il soupçonnoit que le motif n'étoit pas rassurant. Il avoit tenu quelques propos indiscrets, qu'on étoit disposé à lui faire expier ; il a cru plus sûr de rester à son siége. En passant à Braga, je fus lui rendre visite, et selon l'usage de la cour de Portugal, *lui baiser la main*. Il me fit asseoir, en dérogeant aux règles sévères de l'étiquette, ce qu'il fait quelquefois en faveur des étrangers qu'il veut traiter avec distinction. Il me fut impossible de rien tirer d'instructif de sa conversation ; car il ne parle que la langue du pays.

Il y a encore deux autres frères du roi, qui étoient exilés depuis 12 ans, et étroitement resserrés dans un monastère à 5 lieues au nord-est de Coimbre. Cet horrible asyle est sur le haut d'une montagne couverte de neige pendant 9 mois de l'année. Les princes gardés à vue, n'en étoient pas sortis depuis le jour où ils y furent enfermés, jusqu'à celui où la jeune reine ouvrit leur prison comme à tant d'autres. Lorsque je passai à Coimbre, ils étoient dans cette ville, attendant les ordres de la cour pour s'y rendre ; mais comme les finances du royaume étoient fort délabrées, et qu'il falloit donner à ces princes un apanage, on a continué à les retenir à Coimbre, et je crois qu'ils y resteront encore long-temps (1). Ils y sont, au reste, très-bien traités et reçoivent les honneurs dûs à leur rang. On demandera quelle peut avoir été la cause d'un exil aussi rigoureux. La voici : Avant que Joseph de Carvalho, frère du marquis de Pombal, fût à la tête de l'inquisition, elle avoit pour chef un frère du roi ; ce qui déplaisoit beaucoup à l'impérieux ministre ; il ne cherchoit donc qu'une occasion favorable pour mettre cette place entre les mains de personnes qui lui fussent entièrement dévouées ; cette occasion se présenta, sans qu'il s'y attendît. Il avoit à faire imprimer, avec la plus grande célérité, un ouvage contenant des règlemens, dont la prompte publication l'intéressoit beaucoup ; il porte le manuscrit à l'infant, qui, comme grand-inquisiteur, devoit y mettre son vu. Au bout de quelques jours, il repassa chez l'infant, qui trop heureux de pouvoir contrarier un ministre qu'il détestoit, répondit qu'il n'avoit pas eu le temps d'examiner son ouvrage. Le marquis

(1) Ils en sont sortis peu de temps après pour venir s'établir à la cour. Ils sont morts depuis quelques années. (*B.*)

insista sur la nécessité de le faire imprimer au plutôt, pour cette fois contint son dépit, et se retira. Quinze jours après, il reparut, et reçut la même réponse. Son orgueil, irrité d'éprouver une résistance, lui qui dominoit par-tout sans obstacles, s'exhala en propos menaçans. L'infant, inquisiteur, se trouvoit alors avec son frère. La patience leur échappe; des propos injurieux, ils passent aux voies de fait, arrachent la perruque du marquis de Pombal, lui en battent les joues et le chassent de l'appartement, en lui disant qu'il pouvoit aller se plaindre au roi. Il y fut en effet au même instant; il se jeta à ses pieds, lui représenta l'indécence avec laquelle on venoit de traiter son ministre : la colère du roi fut au comble. Il exila les deux infans qui, depuis, ne reparurent plus à la cour. Avec plus d'adresse, ils auroient pu saisir cette occasion pour se défaire du marquis de Pombal. Au lieu de lui laisser le temps d'aller se plaindre, ils auroient dû le retenir dans leur chambre, aller demander au roi, leur frère, justice de la prétendue insulte que Pombal leur avoit faite. Il est à présumer qu'il eût été au moins exilé pour quelques jours; et ce ministre, éloigné de la cour, même pour aussi peu de temps, eût été perdu sans ressource. La faction qu'il avoit contre lui, étoit terrible, et il ne falloit rien moins que sa présence pour la rendre impuissante.

Le duc de Bragance avoit eu l'adresse de s'expatrier, pour se soustraire au joug du marquis : on le dit homme de talens. Il va certainement reparoître dans son pays, à présent que le règne de ce redoutable ministre est passé (1).

Lorsque le roi donne audience à quelque ambassadeur ou ministre, il se découvre et se lève ; et lorsqu'il se recouvre et se rassied, l'ambassadeur se couvre aussi. Le même usage s'observe à l'égard de tous les grands du royaume.

(1) Il est, en effet, rentré peu de temps après en Portugal, après avoir voyagé, avec beaucoup de fruit, dans presque toute l'Europe. Né avec de l'esprit et du goût, il a rapporté, de ses voyages, des connoissances dans différens genres ; dans les beaux-arts, dans les sciences exactes, dans la littérature étrangère, et surtout dans la science militaire. Il n'est pas moins distingué en Portugal par ses talens que par sa naissance, qui le fait tenir de près à la maison régnante. Il a pris, depuis son retour, le nom de duc d'Alafoens. Il est président de l'Académie des sciences de Lisbonne ; et ce n'est pas en lui un vain titre. (*B.*)

Quand on est présenté à la reine, il est d'étiquette qu'elle ne parle jamais la première ; personne n'est assis chez elle : on ignore à cette cour l'usage du tabouret. La famille royale ne dîne jamais que très-rarement en public; mais alors toutes les charges de la cour et tous les officiers, sont en fonction. Comme la reine douairière, du vivant de son mari, étoit extrêmement jalouse, elle ne souffroit jamais que ses femmes se laissassent voir au roi: si une d'elles en avoit été apperçue, elle eût été perdue sans ressource.

Toute la cour s'habille à la française; le goût ne préside assurément pas au luxe qu'elle déploie en quelques occasions : les diamans de toutes couleurs y brillent de toutes parts; mais ils sont mal distribués, mal taillés et mal montés.

---

# CHAPITRE VII.

## *Gouvernement.*

LORSQUE les loix d'un royaume ne sont pas établies sur le caractère et le génie de la nation, son gouvernement peut-il prospérer? Quels résultats doit-on espérer, si l'on veut, par exemple, d'un peuple guerrier, ambitieux, avide de conquêtes, faire un peuple doux et pacifique? si cet état doit attendre son bonheur de l'agriculture et du commerce, et que l'une soit négligée et l'autre méprisée? si le peuple, porté à la débauche par le climat, enclin à la superstition, n'est contenu par aucun frein? si les grands sont seuls considérés, et que les classes inférieures soient opprimées et épuisées? si le luxe, étant ruineux pour le pays, on néglige d'en arrêter les progrès? Telle est cependant, et telle est depuis long-temps, la position des Portugais. Il parut un homme qui essaya de retirer leur gouvernement de la léthargie dans laquelle il étoit tombé: il tenta divers efforts; il ranima les sciences; il chercha à augmenter le commerce et l'industrie; il encouragea l'agriculture presque oubliée; il tâcha, enfin, de réparer tous les désordres qui tendoient à la dissolution inévitable de l'état. Les Anglais étoient les plus grands ennemis des Portugais : ils avoient pour principal article de leur politique, d'assujettir cette nation crédule, de la réduire à un gouvernement purement nominal, de l'assimiler, par le fait, à leurs colonies. Pombal s'appliqua, par-dessus tout, à tarir cette source de calamités : il diminua le commerce des Anglais, autant que ses moyens le lui permirent; il fit fleurir l'agriculture en beaucoup d'endroits; il établit des manufactures, protégea les sciences et les arts, attaqua les prêtres; *vermine*, disoit-il, *la plus dangereuse qui puisse ronger un état.* Le fanatisme aveugloit les Portugais: il chercha à les éclairer. La dissolution dans les mœurs eût fait plus de progrès encore, s'il n'en eût arrêté le cours; mais cet homme, quoiqu'on l'accuse de cruauté, a trop peu vécu pour le bonheur de cette nation: vingt ans de plus auroient à peine suffi pour qu'il consommât ce qu'il n'a pu qu'ébaucher. Les maux étoient invétérés; une longue cure pouvoit seule les guérir.

Il n'y avoit de son temps, en Portugal, aucun ministre (1) ; il réunissoit en lui toutes les places importantes ; et ne paroissoit pas accablé de ce fardeau. Aucune branche de l'administration n'étoit négligée ; il faisoit face à tout. Il avoit pour le travail une facilité inconcevable et un talent peu commun. Mais quand il avoit formé un plan, et l'avoit concerté avec le roi, malheur à celui qui venoit mettre obstacle à l'exécution de ses projets. Violent et entier dans ses résolutions, il châtioit avec sévérité ; il étoit quelquefois sourd au cri de la nature, persuadé qu'on ne venoit

(1) Le Portugal a maintenant quatre ministres : un qui porte le titre de premier ministre ; un pour la marine ; un pour les affaires intérieures ; et un pour la guerre et les affaires étrangères. Mais ils sont subordonnés à l'influence d'un homme qui, sous le nom d'*intendant de Lisbonne*, est, dans le fait, un ministre plus puissant que les quatre autres. Son pouvoir est presque sans limites sur tout ce qui est du ressort de la police de Lisbonne et de sa banlieue ; tout ce qui tient au commerce et sur-tout à la contrebande, dont les délits, irrémissibles en Portugal, servent de prétexte à beaucoup d'actes arbitraires à l'égard des navigateurs et des commerçans étrangers. Le redoutable dépositaire de ce pouvoir est, en ce moment, M. *Pina-Manique*, dont le nom seul est un épouvantail pour quiconque est seulement soupçonné de troubler l'ordre public. (*E.*)

à bout d'établir un bon gouvernement, qu'en conservant envers le peuple, et sur-tout envers les grands, un caractère sévère et inébranlable : il détestoit ces derniers par-dessus tout. Je puis même assurer qu'il les méprisoit. Ce fut lui qui raffermit le trône, en écrasant pour jamais cette noblesse insolente, ignorante et crapuleuse. Il plaignoit le peuple, et dans le fond il l'aimoit véritablement; il l'a suffisamment prouvé par tout ce qu'il a fait pour lui. Cependant il n'en étoit pas aimé, du moins avant sa disgrace. Que peut-on attendre d'un peuple foible, superstitieux, conduit par des prêtres, et par conséquent ignorant. Il s'est apperçu, mais trop tard, que tout ce que le marquis avoit fait, étoit pour le bien de la nation, pour celui du roi, et sur-tout pour le bonheur des Portugais en général. Ce peuple a fini par le regretter (1). Ce triomphe tardif prouve plus que tout ce qu'on pour-

(1) A Lisbonne, ainsi qu'à Rome, le peuple se dédommage, par des épigrammes, des maux que lui fait éprouver un gouvernement tyrannique. Il regrettoit Pombal ; mais il n'oublioit pas la sévérité de son administration : c'est ce qui lui fit dire, peu de temps après sa disgrace :

| | |
|---|---|
| *Mal por mal,* | Mal pour mal |
| *Melhor Pombal.* | Mieux encore Pombal. |

roit dire en faveur du marquis de Pombal; et il étoit d'autant moins facile qu'il étoit disputé par la foule des ennemis de ce ministre. Arrêtons-nous un moment sur le caractère particulier de cet homme extraordinaire, et apprécions-le, s'il est possible, avec impartialité (1).

(1) Voici ce que dit, du caractère de ce ministre, William Dalrymple, dans son *Voyage en Espagne et en Portugal*, en 1775, page 143.

« Le Portugal est gouverné despotiquement par le marquis de Pombal, qui a rendu son nom si fameux en Europe, par la tâche qu'il s'est imposée d'expulser les jésuites, et si terrible par le sang qu'il a répandu, de concert avec le monarque, lors de la conspiration de 1758. Il réduisit, à la vérité, le pouvoir de la noblesse qui, auparavant, contre-balançoit celui de la couronne. Je trouve mal-fondée, ajoute-t-il, la grande réputation qu'on accorde à ce ministre : il établit son autorité par la destruction et par l'oppression, s'enrichit lui seul et contenta sa vanité. Vrai quel fut son principal but; le bonheur de l'état, ou celui du peuple ne venoit qu'en seconde ligne. Voici tyran, il anéantissoit impitoyablement quiconque lui résistoit. Le sort de Scabria est une preuve indubitable de ce que j'avance. Celui-ci étant élevé à un grade assez considérable, imagina un parti secret contre le ministère, pour devenir quelque chose de plus. Mais le marquis, plus adroit que lui, découvrit ses intrigues, le fit immédiatement tomber en disgrace, et l'envoya

Né à Coimbre, en 1699, de parens nobles, d'autres disent de roturiers, et même d'arti-

prisonnier dans le château de Saint-Jean, à *Oporto*, d'où il fut peu de jours après transporté à Angola, sur la côte de Guinée, pour y finir ses jours ; le climat seul de ce pays étant capable de faire périr tout Européen après une courte résidence. Tel est le pouvoir de ce ministre ; mais il est en même-temps très-malheureux, car il est le premier esclave du royaume, puisqu'il se charge seul de tout le travail, sans oser se fier à personne ». Plus bas, Dalrymple ajoute : « Qu'il viendra un temps où ce tyran ressentira lui-même le poids de son oppression. Il a établi, dit-il, beaucoup de manufactures dans le royaume ; mais elles sont toutes livrées à des compagnies exclusives. Le ministre, au nom du roi, est le premier fabricant, et il oblige la nation à acheter, au prix qu'il lui plaît, tout ce dont elle a besoin. Il recueille une grande quantité de vins, qu'il vend toujours mieux que tous les autres habitans ». Enfin, il termine ce paragraphe plein d'expressions injurieuses pour M. de Pombal, en disant : « Que dans un état tel que celui-là, le caprice et la passion sont les seules règles du gouvernement, etc. Les loix et la justice y sont connues de nom ; mais elles n'y sont point observées. »

Un autre écrivain, moins partial que l'auteur anglois, plus juste et plus sensé, s'exprime ainsi : « Le marquis de Pombal est, ainsi que le cardinal de Richelieu, l'honneur et le soutien de la nation, dont il éprouve comme lui la légèreté et l'ingratitude ; il ne leur oppose, comme fit autrefois ce cardinal, que la

sans (*), il montra de bonne heure une disposition à apprendre tout avec facilité; il fut

fermeté et la rigueur, qui le mettent au-dessus des craintes : il a trouvé tous les vices enracinés dans toutes les parties du gouvernement; il a sévi en bravant tous les dangers; il a renversé les plus grands; il a fait trembler les plus braves; il travaille sans relâche et avec zèle à jeter les fondemens solides de l'indépendance du Portugal à l'égard des Anglais, en ranimant le commerce, la population et l'agriculture. Il fait tout par lui-même. Il jouit de grandes richesses; mais il les a acquises à bien juste titre. Elles sont si considérables, qu'il n'a pu éviter l'accusation d'avarice, dont on peut d'autant moins le disculper, qu'il ne dépense point en proportion de sa richesse et de son rang; il a, pour sa sûreté, une garde à cheval qui le suit partout; ce qui fait crier à la tyrannie, parce qu'il est extraordinaire de voir le ministre environné de soldats l'épée nue, pendant que le roi se promène souvent, à Lisbonne, sans gardes; qu'il n'en a point de fixes, et que pour son escorte il se sert de régimens de cavalerie. Cette précaution, quoiqu'étrange, est nécessaire au milieu d'une nation mutinée, ignorante et superstitieuse, et dont les plus grands seigneurs ont toujours été les premiers ennemis de l'état, ennemis d'autant plus dangereux qu'ils étoient foibles et lâches. Le marquis de Pombal ne jouira de sa gloire, qu'après sa mort; mais alors elle sera entière, et il sera justement regretté, parce qu'il sera difficilement remplacé. Il n'y

(*) Cette note se trouve à la fin de ce chapitre, page 147.

élevé dans l'université du lieu de sa naissance, sous le nom de *Joseph-Sébastien Carvalho.*

a pas même d'apparence qu'il le puisse être bien. Le mérite ne se recueille pas comme un héritage ; et loin d'être attaché au titre de ministre, il n'en est que trop souvent séparé pour le malheur de l'humanité. (*Note de l'Auteur.*)

A ces deux tableaux du marquis de Pombal, nous allons opposer celui que nous en avons tracé nous-même, à une époque où nos diverses relations, avec le Portugal, nous ont fourni le moyen d'apprécier ce ministre sous tous les rapports. Nous osons assurer que ce tableau est plus ressemblant, plus complet et plus impartial que les deux autres. L'animosité auroit pu cependant en faire charger les traits. Nous le peignons au moment où Joseph Ier. alloit terminer une guerre que l'inquiète ambition du ministre avoit allumée dans l'Amérique septentrionale, et qui, sans cet incident, prévu depuis plusieurs mois, auroit pu embraser l'Europe.

« Le marquis de Pombal prolongea son ascendant jusqu'à la dernière extrémité : et tant que le monarque portugais respira, la reine qui, pendant sa longue maladie, étoit nominalement en possession de la régence, ne fut que l'interprète des volontés du ministre. Il continuoit à mettre les troupes sur un pied respectable. Il les avoit portées à près de 40 mille hommes, quoique le Portugal n'en eût ordinairement que 25 mille. Pour les discipliner, il avoit fait venir le comte de la Lippe, qui attira, en Portugal, des officiers étrangers d'un mérite distingué. Il faisoit fortifier les places

Comme il étoit extrêmement vif, et peu propre alors à une carrière qui exigeoit de la

frontières, et notamment celle de Chavez, sur les confins de la Galice, qui, dans la guerre de 1762, avoit été si facilement prise par les Espagnols. Il poussa les démonstrations hostiles, jusqu'à faire établir un hôpital de campagne ; et tout annonçoit qu'il alloit provoquer l'Espagne en Europe, même sans être certain du concours des Anglais, à qui le commencement de leur querelle avec les Américains donnoit assez de sollicitude pour qu'ils désapprouvassent la conduite extravagante de leur allié. La cour de Londres faisoit même assurer celles de Versailles et de Madrid, qu'elle ne donneroit aucun secours au Portugal, si l'Espagne vouloit se borner, comme elle le disoit, à recouvrer ce qui lui appartenoit dans l'Amérique méridionale. L'artificieux Pombal ne s'expliquoit avec les Anglais, que d'une manière vague, et cherchoit à traîner les affaires en longueur. La mort de Joseph Ier. vint enfin mettre, le 24 février 1777, un terme à toutes ces perplexités, et à la crise à laquelle le Portugal étoit exposé par le caprice d'un seul homme.

» Peu s'en fallut cependant que cet homme, aussi adroit qu'audacieux, ne subjugât la nouvelle reine. Il lui fit offrir de l'informer de l'état des affaires. Il s'étoit ménagé de loin le moyen de se rendre si nécessaire à la mort du roi, que rien ne pût se faire sans son intervention. La reine douairière, qui avoit une profonde haine pour lui, demanda à sa fille si elle se proposoit de le conserver dans le ministère. La reine, qui

tranquillité, il crut que le parti des armes étoit celui qui lui conviendroit le plus; il se

est d'un caractère doux et modéré répondit, en hésitant : — Il faut bien le renvoyer, puisque tout le monde le juge nécessaire. — En ce cas, évitez donc de travailler une seule fois avec lui. — La reine douairière sentoit qu'il ne falloit à l'ambitieux Pombal, que quelques conférences, pour prouver que lui seul étoit capable de débrouiller le chaos dans lequel la nouvelle souveraine trouvoit les affaires.

» Ce premier coup paré, la disgrace de M. de Pombal fut inévitable. On lui fit essuyer des dégoûts. On emprisonna ses meilleurs amis ; on mit en liberté plusieurs victimes de son ressentiment, qui gémissoient dans les cachots. Enfin, dès le 4 mars, huit jours après la mort du roi, il fut obligé de se démettre de tous ses emplois. On mit le scellé sur tous ses papiers : mais il conserva les honneurs de sa place, ses appointemens, et obtint même une commanderie de plus. Il partit aussitôt pour la terre de Pombal, située à 28 lieues de Lisbonne.

» Il étoit alors âgé de 77 ans, mais n'avoit rien, ni au physique, ni au moral, des infirmités de cet âge. Il se croyoit si peu au terme de sa carrière, que peu de mois avant sa disgrace, il parloit d'achever le rétablissement de Lisbonne, et de faire bâtir un palais pour le roi.

» Le marquis de Pombal offre un mélange de vices et de grandes qualités, qui peut également prêter au panégyrique et à la plus amère censure. Il fut avide,

mit donc dans les gardes du palais, sous le règne de Jean V. Plein d'ardeur et d'acti-

sévère et vindicatif, jusqu'à la cruauté despotique, artificieux et sans foi. Il acquit par ses concussions une fortune immense pour le Portugal, cent mille écus de rente. Il se fit un jeu d'appesantir son joug sur la nation portugaise, et principalement sur les grands. Il conçut et suivit des projets extravagans, sous le poids desquels son pays auroit succombé. Les passions, et souvent les plus odieuses, furent presque toujours le mobile principal de ses démarches. Mais avouons que par son caractère énergique, il arracha le Portugal à l'assoupissement auquel il étoit livré. Il sentit que la liaison de ce royaume avec les Anglais pouvoit être une alliance utile, nécessaire, même en temps de guerre, mais ne devoit pas être un asservissement ; et il se conduisit d'après cette maxime. Il avoit commencé à vivifier le Portugal, à le dégager des entraves qui enchaînoient son industrie. Il avoit établi plusieurs compagnies exclusives, quoiqu'il fût convaincu des vices de ces sortes d'institutions. C'étoit, disoit-il, un moindre mal qu'il avoit opposé à un plus grand. Une de ces compagnies fut chargée de la vente des vins de Porto. Jusqu'à son ministère, les propriétaires de ces vins étoient absolument à la merci des Anglais, qui en fixoient arbitrairement le prix. Il établit deux autres compagnies pour l'approvisionnement du Brésil, dont auparavant les Anglais faisoient tout le commerce aussi-bien que celui du Portugal. Les Anglais, qui ne voyoient pas d'infractions manifestes aux traités, ne

vité, il se signala par son courage; mais se laissant emporter par la fougue de son âge, il

pouvoient se plaindre ouvertement ; mais le débit de leurs marchandises et leur influence éprouvoient une diminution sensible. M. de Pombal sentoit que ces griefs de détail n'amèneroient pas une rupture ; que les Anglais n'en avoient pas moins d'intérêt à ménager l'alliance du Portugal, utile à leurs spéculations de commerce en temps de paix, et à leurs expéditions navales, tant en Europe qu'en Amérique. L'événement justifia ses calculs ; car il n'éprouva pas d'opposition directe de la part des Anglais, dans la querelle qu'il suscita à l'Espagne vers la fin de son ministère ; et il auroit fini probablement par obtenir leur assistance. Mais, quand même il n'en eût pas été sûr, il auroit puisé des motifs de sécurité dans la vigueur de ses préparatifs, dans l'indolence et dans l'impéritie des ennemis qu'il provoquoit, et jusque dans l'opinion peu favorable qu'ils avoient des forces du Portugal. Il étoit persuadé d'ailleurs que sa foiblesse réelle étoit compensée par la difficulté d'établir le théâtre de la guerre dans un pays peu cultivé, manquant de moyens de subsistance, traversé de tant de rivières, hérissé de tant de montagnes ; sa disgrace sauva heureusement son pays d'une épreuve qui eût été au moins fort hasardeuse. Le gouvernement portugais passa en des mains moins hardies, mais dirigées par une reine que son caractère et son inclination pour le roi d'Espagne ramenoient à la paix. Aussi ne tarda-t-elle pas à témoigner indirectement à la cour de Madrid, combien

commit des imprudences, fit même des sottises assez graves, et fut obligé de sortir de son corps.

Carvalho étoit alors un des beaux hommes de son temps. Sa taille étoit extrêmement avantageuse; son air, noble et imposant; sa force, prodigieuse. Mais il étoit très-enclin au libertinage et à tous les excès d'une jeunesse pétulante ( 1 ).

A cette époque, le goût de la plupart des

elle désiroit le rétablissement de la bonne harmonie, et que, pour y parvenir, elle étoit prête à donner au roi, son oncle, la satisfaction qui lui étoit due.

» C'est ainsi que le sort des états monarchiques dépend presque toujours des caprices ou du caractère d'une seule personne, et que, quand le souverain lui-même ne se donne pas la peine de tyranniser, il en abandonne le soin à une maîtresse, à un favori, à un confesseur, ou à un ministre impérieux ». (*B.*)

(1) On prétendoit que Carvalho étoit d'une naissance très-obscure, que même il étoit d'origine juive; et dans la suite, un de ceux qui propageoit ce bruit, se retrouva sous la main de ce ministre, qui alors étoit tout-puissant; il se trouvoit coupable de je ne sais quel crime. Pombal qu'on a prétendu avoir été si vindicatif, eut cependant la grandeur d'ame de ne lui rappeler cette anecdote, que pour lui pardonner.

(*Note de l'Auteur.*)

nobles étoit d'aller la nuit attaquer les patrouilles qui parcouroient la ville ; ces patrouilles étoient quelquefois plus dangereuses à rencontrer que les voleurs mêmes dont elles devoient préserver les habitans : et souvent elles dépouilloient ceux qui tomboient sous leur main. Ces jeunes gens avoient à leur tête le frère du roi, homme féroce et cruel. Toutes les nuits étoient marquées par des rencontres sanglantes, entre ces étourdis et les patrouilles ( 1 ), et presque toujours il en ré-

(1) La noblesse étoit si insolente, si effrénée, qu'elle étoit à redouter non seulement la nuit, mais même le jour. Voici ce qui arriva à Lisbonne, il y a quelque temps. Deux fidalgos ou seigneurs portugais passent dans leurs voitures, rencontrent un corrégidor qui étoit aussi dans la sienne : c'étoit un vieillard qui, ayant la vue très-basse, n'apperçut pas les fidalgos, et passa sans les saluer ; ceux-ci s'en offensèrent, descendirent de voiture pour maltraiter ce vieillard ; et sur quelques représentations qu'il crut pouvoir leur faire, l'un d'eux lui passa son épée au travers du corps. Ils s'enfuirent chez l'ambassadeur de France qui les fit embarquer ; mais il reparurent peu de temps après, ayant facilement obtenu leur grace. Sous le ministère de M. de Pombal ils eussent été punis sévèrement. Il y a six ans qu'un seigneur tua un de ses gens dans un accès d'humeur ; il réussit à s'échapper ; mais il est revenu en Portugal aussitôt après l'exil de ce ministre. (*Note de l'Auteur.*)

sultoit des meurtres. On pense bien que le jeune Carvalho jouoit son rôle dans ces scènes nocturnes. Cependant ses agrémens extérieurs, et tout ce qu'il avoit d'ailleurs de séduisant auprès des femmes, lui avoient gagné le cœur d'une demoiselle de l'ancienne maison d'*Aveiro ;* cette famille hautaine répugnoit à une telle alliance. Il éprouva un refus. Il prit le parti d'enlever sa maîtresse, et de l'épouser en dépit de tous ses parens. Ceux-ci employèrent les moyens les plus violens, pour venger cet affront fait à *l'honneur de leur race.* Mais Carvalho parvint à éviter le poignard, les prisons et les piéges qu'on lui tendoit tous les jours.

Cependant il acquéroit la conscience des dons heureux qu'il avoit reçus de la nature : il conçut l'idée d'embrasser la carrière politique , et obtint d'être nommé secrétaire d'ambassade à Vienne. Voilà l'époque du développement de ses talens supérieurs. Il laissa appercevoir, dans la place qu'il occupoit, le génie vaste qu'il a déployé depuis. Sur ces entrefaites, il apprit que sa femme venoit de mourir : on soupçonna qu'elle avoit été empoisonnée par sa famille, qui la détestoit depuis son mariage. Carvalho, rendu à sa liberté, adressa ses hommages à une demoiselle d'une famille très-distinguée, parente de ce maréchal Daun, dont il a été fort question dans la dernière guerre. Il parvint à plaire à cette jeune personne, et la demanda en mariage : comme la première fois, on lui objecta sa naissance. Un seigneur portugais, qui alors étoit à Vienne, disoit à tout le monde que Carvalho étoit un *homme de rien*, un *mauvais sujet*, etc.; mais M. *de Tancos*, son ambassadeur, dont il avoit gagné l'affection, protégea ses amours ; il alla même jusqu'à obtenir de sa cour la permission de se démettre de son ambassade en faveur de Carvalho. Le succès de celui-ci ne fut plus douteux; il épousa mademoiselle de Daun, et se trouva, avant l'âge de trente ans, ambassadeur auprès d'une des plus grandes cours de l'Europe. Il donna bientôt, par ses depêches et par sa conduite politique, l'idée la plus avantageuse de sa capacité ; et dès-lors on pensa à l'attacher, d'une manière encore plus directe, au service de sa patrie, livrée à la plus profonde ignorance, et dépourvue de véritables hommes d'état.

Il fut donc rappelé en Portugal, entra

dans le conseil, et en devint bientôt le membre le plus essentiel. On exila le premier ministre *D. Diego de Mendoça*, et on confia à Carvalho les rênes du gouvernement. Aussitôt qu'il fut en possession du pouvoir, il commença à réformer les abus qui ruinoient le royaume; il chercha à raffermir le trône ébranlé par une noblesse arrogante et indocile : son ministère acquit en peu de temps un éclat, une énergie dont il n'y avoit pas eu d'exemple en Portugal. Ses talens, son autorité, l'usage qu'il en faisoit, lui suscitèrent des ennemis nombreux; la noblesse, sur-tout, se déclara contre lui : elle voyoit avec dépit un homme parvenu lui donner des loix et contrarier ses projets ambitieux. Il eut besoin d'un grand courage pour faire tête à tant de dangers, pour échapper à tous les piéges que lui tendoient la jalousie et la malveillance, mais il étoit amplement dédommagé par l'estime et l'amitié de son maître. Sa conduite, lors du malheureux bouleversement de Lisbonne, mit le comble à sa faveur : c'est en cette occasion, sur-tout, que l'on reconnut en lui l'homme de génie, le véritable ami de son prince et de sa patrie.

Lorsqu'au retour de son ambassade, il remplaça D. Diego de Mendoça, il trouva l'état endetté, le trésor absolument épuisé, et les Anglais maîtres du commerce du royaume et des colonies. A peine avoit-il commencé à réparer tant de désordres, qu'une horrible catastrophe vint mettre de nouveaux obstacles à ses projets régénérateurs : nous voulons parler du fatal événement qui épouvanta et bouleversa le Portugal, le premier novembre 1755. Le ciel étoit pur et serein, tout annonçoit un beau jour, lorsque, vers les neuf heures et demie du matin, un bruit sourd et terrible se fit entendre, et fut immédiatement suivi d'une secousse effroyable: les palais, les édifices sacrés, les maisons, ne formèrent en un instant qu'un monceau de ruines. On calcula, mais seulement par apperçu, qu'environ 30,000 personnes périrent dans cette fatale journée, car le gouvernement n'avoit pas encore fait le dénombrement des habitans de Lisbonne. Si le tremblement fût arrivé un jour ouvrier, et une heure plus tard, la perte eût été bien plus considérable. Le climat de Lisbonne offrant un printemps perpétuel, tout le peuple va passer à la campagne les jours de fête: dans les autres jours de la semaine, on le voit, dès dix heures du matin, se rendre en foule dans les temples. La plupart des personnes qui périrent, furent écrasées par les voûtes des églises, où elles s'étoient réfugiées, les unes par dévotion, les autres par frayeur : le feu qui s'éleva de dessous tant de ruines, vint dévorer presque tout ce qui avoit échappé à l'horrible secousse (1). Des richesses immenses furent consumées, la mer se gonfla, les vaisseaux se brisèrent les uns contre les autres, les vents se déchaînèrent avec fureur, et augmentèrent encore l'incendie. Les vieillards, les femmes, les enfans, les malades qui étoient encore dans leurs lits, furent étouffés, sans qu'on pût les secourir; les uns périrent dans les flammes,

(1) Il est certain que le tremblement de terre lui-même, fit moins de ravages encore que les flammes, et que les voleurs, qui parurent en grand nombre pendant l'horrible catastrophe. On pendoit cependant tous ceux à qui l'on trouvoit dans les poches, de l'or qui conservoit quelques traces du feu. Celui qui en ramassoit ou qui en recevoit, étoit pendu avant un quart-d'heure, à sa fenêtre même ou à sa porte. Cette mesure, d'une extrême rigueur, coûta la vie, il est vrai, à bien des innocens : mais elle préserva la ville du pillage. (*Note de l'Auteur.*)

les autres sous le poids des planchers, des murailles et des toits. Les voleurs se mêlèrent parmi le peuple, pillèrent, massacrèrent et augmentèrent encore l'effroi des habitans, qui fuyoient de toutes parts, appelant le ciel à leur secours, et ne sachant de quel côté tourner leurs pas : les rues jonchées de morts, et barrées par la chute des édifices, ou par les flammes, interceptoient toutes les issues.

Tous les habitans qui parvinrent enfin à s'échapper, sortirent de la ville, et se portèrent sur la montagne. Suivons M. de Pombal au milieu de cette affreuse catastrophe. Le tremblement de terre est l'époque la plus brillante de sa vie. Parcourant la ville dans tous les sens, il alloit porter, là des secours, ici des consolations : par-tout sa présence ramena la tranquillité et calma les craintes: son activité parvint à la réparation des maux auxquels il y avoit encore quelque remède; sa sévérité, à la répression de tous les excès que pouvoit encourager l'impunité : en moins de huit jours deux cent trente ordonnances sortirent de sa tête féconde : tous les voleurs, tous les perturbateurs de l'ordre qui étoient pris sur le fait, étoient pendus à l'instant.

Par ses soins, les cadavres furent enterrés avec une grande célérité; il fallut en jeter beaucoup en haute-mer, dans des sacs de chaux. Des vivres arrivèrent en diligence des provinces les plus rapprochées. Il fit tant, par son courage, sa constance et sa fermeté, qu'il empêcha le peuple d'abandonner une ville qui n'offroit plus que des ruines et l'image du désespoir. Il n'épargna rien pour faire disparoître au plus tôt les traces de tant de malheurs; il perça des rues au milieu des décombres. Chacun l'envisageoit comme le sauveur des citoyens échappés à ce désastre. Sa voiture fut pendant plusieurs jours son cabinet, son lit, son seul asyle. Quarante-huit heures se passèrent sans qu'il prît d'autre aliment qu'un bouillon, que sa femme lui porta elle-même.

Personne de la famille royale ne fut blessé : la cour, qui précisément ce jour-là alloit à Belem (1), se trouva, fortuitement,

(1) Belem est un monastère considérable, situé sur le bord du Tage, et du côté de son embouchure. Il est attenant à la ville, et fut fondé par D. Emmanuel Ier, roi de Portugal. Il renfermoit anciennement 150 moines; il n'y en a aujourd'hui que 40, et il jouit de 40 mille cruzades de revenu. Lors du tremblement de

sur le chemin, au moment du tremblement de terre : sans cet heureux hasard, tous les princes, le roi, la reine et leur suite, eussent péri sous les débris du palais, qui fut totalement renversé. Madame de Pombal étoit encore couchée ; la muraille contre laquelle le chevet de son lit étoit appuyé, s'écroula derrière la tapisserie. Cette femme, presque morte de frayeur, se lève précipitamment, et, malgré sa frayeur, conserve assez de présence d'esprit pour aller se placer sous le chambranle de la porte de sa chambre. Tout tombe autour d'elle, sans que rien la touche : elle court à ses enfans ; la partie de la maison qu'ils occupoient n'étoit nullement endom-

terre, il n'y eut que quelques parties du chœur qui s'ébranlèrent et tombèrent : la nef resta intacte. A la droite du chœur, en entrant, on voit le tombeau du roi D. Sébastien, qui mourut en Afrique, en faisant la guerre au roi de Maroc. Les Portugais, qui sont simples et superstitieux, disent que ce n'est pas le corps de ce roi, puisqu'il n'est pas mort, et qu'il doit revenir un jour. On sait combien il y a eu d'imposteurs qui ont essayé de se faire passer pour le roi Sébastien. Comme le marquis de Pombal étoit aussi puissant que le roi, et qu'il se nommoit Sébastien, les Portugais prirent de là occasion de dire, que leur rêve s'accomplissoit. (*Note de l'Auteur.*)

magée; elle eut le bonheur de les sauver tous: elle étoit vivement inquiète sur le sort de son mari, qui étoit sorti de bonne heure; bientôt on lui apprit qu'il étoit déjà occupé à secourir les infortunés: elle voulut sortir pour aller partager ses travaux et ses dangers; mais ses mules avoient été écrasées, et ses voitures mises en pièces.

La cour qui se trouvoit sans habitation, logea pendant huit jours sous des tentes. Il faut convenir qu'en cette occasion la famille royale donna au peuple l'exemple de la fermeté et de la bienfaisance. La reine prenoit sur le peu de nourriture qu'on lui procuroit, de quoi venir au secours des plus infortunés. Toute l'activité, toute la surveillance du ministre ne suffit pas dans les premiers jours pour prévenir tous les excès. Il s'en commit de toutes les espèces. Les couvents de tous les ordres et des deux sexes avoient été brûlés; les moines et les religieuses s'étoient sauvés, et couroient dans la ville, en suivant la populace qui gagnoit la montagne. Les soldats, les religieuses, les moines s'y réfugièrent aussi, et passèrent les deux premières nuits pêle-mêle. Ce fut une source de scènes scandaleuses et même de crimes. Se voyant tous

tous également sans asile, ils insultoient à l'Etre-Suprême qui les avoit épargnés.

Il se perdit des richesses immenses qui devinrent la proie des flammes. Le palais du roi, plein d'objets précieux, fut détruit de fond en comble; à peine resta-t-il pierre sur pierre. Toutes les pierreries, tous les trésors, tous les meubles furent engloutis avec le palais dans les entrailles de la terre. Cette perte seule fut évaluée à quinze millions de livres tournois. Mais la totalité de ce qui fut anéanti ou perdu sans retour, en maisons particulières, en meubles, en argent monnoyé, en pierreries, bijoux, vases sacrés, ornemens, statues, tableaux, etc., s'éleva à la somme énorme de 2,284,000,000.

Cependant le marquis de Pombal fit faire des fouilles, et on trouva des lingots de grande valeur, qui furent rendus aux propriétaires des maisons. Cette épouvantable catastrophe affermit encore davantage l'autorité du ministre. Sa bonne conduite et la grandeur de son courage lui valurent la confiance entière de son maître, qui lui conféra d'abord le titre de comte d'*Oyeras*, et depuis, celui de marquis de Pombal. Le nombre de ses ennemis s'augmentoit dans la même proportion que sa faveur. Revêtu, en quelque sorte, de toute la puissance souveraine, il s'en servit pour frapper de grands coups; on le vit attaquer en même temps les abus dans la marine, le commerce, le militaire et la noblesse, faire de nouvelles ordonnances, châtier avec sévérité ceux qui manquoient à leur devoir; il s'occupa à rétablir la capitale, et fit venir des architectes de toutes parts, éleva des maisons, construisit des palais, rétablit les finances, et travailla, avec succès, à rendre de la vigueur au gouvernement. A peine commençoit-il à jouir du fruit de ses travaux, qu'il eut à lutter contre l'affreux complot que la noblesse portugaise forma contre les jours du souverain. Cette conspiration fut conduite par les premiers personnages du royaume. Le duc d'*Aveiro* en étoit le chef; le marquis de *Tavora*, ses deux fils, les comtes d'*Atonguia*, d'*Almeidas* et de *Poriza* étoient, parmi les grands, les premiers conjurés; l'intrigue amoureuse du roi avec la marquise de Tavora, près de laquelle il passoit toutes les soirées, étoit un de leurs griefs principaux, ou du moins un de leurs principaux prétextes. La famille Tavora, indignée de cet affront, sembloit n'attendre que l'occasion de s'en venger; mais l'ambition étoit en elle un mobile encore plus actif. Les Tavora, ainsi que les autres grands du royaume, étoient révoltés de l'aveugle confiance du roi dans le marquis de Pombal, et ils avoient conçu le projet de le précipiter du trône et d'y placer l'aîné d'entre eux.

Les conjurés, qui étoient au nombre de plus de 250, choisirent, pour mettre à exécution leur détestable projet, le moment où le roi se rendoit chez sa maîtresse. Ils se divisèrent par pelotons sur le chemin par lequel il devoit passer. Il étoit dans une calèche, attelée de deux mules conduites par un postillon, et avoit son valet-de-chambre à côté de lui. On ne tira sur sa voiture que lorsqu'il fut au milieu des conjurés. Les coups de mousquets partirent alors de toutes parts, et atteignirent le roi en trois endroits; son valet-de-chambre eut la présence d'esprit de le faire couler dans le fond de la voiture, et de le couvrir de son corps. Le duc d'*Aveiro* tira lui-même sur le postillon; mais la carabine rata. Le postillon aussi courageux que fidèle, changea tout-à-coup de direction, et retourna à toute bride au palais, mais par un autre chemin que celui qu'il avoit pris. La plus grave blessure du roi étoit à l'épaule : on en retira des balles et de la mitraille. Carvalho, qui alloit sortir du palais, voit le roi revenir, est bientôt informé de ce qui vient de se passer. Toujours ferme et calme dans les plus grandes crises, il commence par ordonner au valet-de-chambre et au postillon de garder le secret. Malgré cette précaution, le bruit se répandit aussitôt dans la ville, que le roi venoit d'être assassiné. On prétendit que les conjurés l'avoient fait courir eux-mêmes. Le peuple, qui aimoit son prince, accourt avec effroi au palais, la noblesse y arrive en foule. Le roi se montre au balcon ; on rassure le peuple, en lui disant que c'est la calèche qui a versé, et que le roi n'a reçu qu'une légère contusion. Le duc d'*Aveiro* se propose lui-même pour courir, les armes à la main, après les assassins, et les amener au roi. Carvalho lui dit de se tenir tranquille. Feignant de croire à la sincérité de son zèle, il lui fait de fausses confidences, et lui recommande sur toute chose la discrétion. Le duc d'Aveiro se croit dès-lors à l'abri du soupçon. Il étoit fort détesté à la cour ; il avoit de grandes richesses, et étoit de la maison de Bragance. Mal fait de corps et d'esprit, cruel, inhumain, inquiet, ennemi déclaré de Carvalho et du roi, il étoit capable de tout; et le fond de son ame n'avoit pas échappé à la pénétration du marquis de Pombal.

Cependant le roi fut promptement rétabli; et tout sembloit oublié. Six mois se passèrent dans le plus profond silence sur cet événement; les seigneurs et le peuple y songeoient à peine; mais, en secret, Carvalho avoit recueilli des informations pour découvrir les vrais coupables. Il parvint à rassembler toutes les preuves de leur crime: mais plus il acquiert la conviction que d'*Aveiro* et *Tavora* sont coupables, plus il les ménage, plus il leur fait de prévenances: il fait accorder à l'un un congé qu'il sollicitoit pour passer trois mois dans sa terre; il obtint pour l'autre une commanderie, qu'il avoit demandée avant le malheur du roi. Les complices sont eeu-mêmes surpris de la conduite du ministre; chacun se rassure, et croit n'avoir plus rien à craindre. Voici comment Carvalho avoit été instruit de toute la trame. Un domestique qui étoit amoureux d'une servante de la maison de Tavora, se trouvoit dans le jardin du seigneur de ce nom, à attendre sa maîtresse qui lui avoit donné un rendez-vous, lorsque les conjurés qui se rassembloient dans le même lieu, arrivèrent, raisonnèrent sur ce qui s'étoit passé, et formèrent un autre complot qui devoit mieux réussir. Le domestique, qui s'étoit prudemment caché pendant cet étrange entretien, se rendit sur-le-champ chez Carvalho, qu'il instruisit de ce qu'il avoit vu et entendu. Le ministre, pour prévenir la nouvelle conjuration qui pouvoit éclater, se détermina à faire subir, sans délai, aux conjurés, le supplice qu'ils avoient mérité.

Pour y parvenir, sans rien laisser soupçonner, il profita du mariage d'une de ses filles avec le comte de Zampayo. Le roi signa le contrat de mariage, et se chargea de la fête; tous les seigneurs de la cour furent invités, et vinrent de leurs campagnes pour y assister. Le même jour que la noce devoit être célébrée, que les bals devoient occuper la cour et la ville, le marquis fit entrer à Lisbonne dix bataillons d'infanterie et beaucoup de cavalerie. Il y avoit deux grands bals: l'un au palais de Belem, et l'autre dans une salle que les Anglais ont fait bâtir, et où se rendit tout ce qu'il y avoit de distingué dans la ville. C'est là que furent arrêtés tous les conjurés à la même heure. On instruisit aussitôt leur procès, et huit jours après, dix des principaux furent exécutés en face du palais de Belem, le long du Tage. Le duc d'Aveiro fut écartelé, les autres furent décapités ou brûlés; la vieille marquise de Tavora, femme impérieuse et violente, mourut avec un courage héroïque, ainsi que son second fils âgé de dix ans; elle donna elle-même au bourreau le signal de frapper, après s'être bandé les yeux. Le duc d'Aveiro, en revanche, mourut comme un lâche. Leurs corps furent ensuite brûlés et leurs cendres jetées dans la mer. Les deux familles de Tavora et d'Aveiro furent entièrement détruites. Le palais du duc d'Aveiro fut rasé; on mêla du sel au terrain sur lequel il étoit bâti, et cela pour empêcher, disoit-on, qu'il ne pût rien produire. On éleva ensuite, au milieu de ce terrain, une colonne avec une inscription qui annonçoit le crime et le châtiment de ce seigneur. La plus grande partie de la noblesse fut enfermée, et n'est sortie des prisons, qu'à la mort de Joseph Ier, c'est-à-dire, après une détention de dix-neuf ans. Quelques-uns, en très-petit nombre, se sauvèrent. On enferma dans un couvent la jeune marquise de Tavora, où elle est encore aujourd'hui. Les jésuites, ainsi que je l'ai dit plus haut, soupçonnés d'avoir trempé dans cet horrible complot, furent tous chassés du royaume, excepté une vingtaine d'allemands, qui furent renfermés; on prétend qu'il y en eut d'exécutés secrètement dans les prisons, tels, par exemple, que *Malos*, portugais, et *Alexandre*, irlandais; quant au père *Malagrida*, il fut mis à mort par sentence de l'inquisition, et non pour l'assassinat commis sur la personne du roi; car on ne put trouver des preuves assez convaincantes pour le comprendre dans la liste des conjurés; il fut brûlé comme hérétique; et parmi les chefs d'accusation, dont le chargeoit le tribunal, on lui fit un crime d'avoir écrit que *la vierge Marie avoit parlé latin dans le ventre de Sainte-Anne.* On avoit juré la perte de ce religieux qui avoit, ce qu'on croit facilement, des torts plus grands que ceux qu'on lui fit expier. On assure qu'il ne fut pas même interrogé sur l'assassinat du roi. Il avoit cependant été accusé d'avoir le plus contribué à faire entrer la marquise de Tavora dans le complot, en aigrissant son ressentiment contre la cour, où elle n'étoit traitée qu'avec mépris. Il fut facile au jésuite fanatique de profiter du double ascendant que lui donnoient sur elle, sa dévotion et son orgueil irrité, pour la conduire au crime. Au moment où elle alloit à l'échafaud, son mari, prêt à subir le même supplice, lui reprocha d'avoir entraîné sa famille dans un projet aussi exécrable. Elle ne lui répondit autre chose, sinon de soutenir son malheur avec le même courage qu'elle, sans le lui reprocher. Le fils aîné du duc d'Aveiro, est encore aujourd'hui vivant dans un couvent, où on l'a renfermé; il étoit innocent. La justice permettoit aussi peu de le faire mourir, que la politique de lui laisser sa liberté.

Depuis cette époque, la noblesse portugaise modéra beaucoup son arrogance. Elle eut plus d'égards pour le roi, plus de circonspection envers son redoutable ministre, dont la sévérité se déployoit à la plus légère occasion. Sa conduite, en augmentant la haine de la noblesse, l'affermit encore davantage dans la confiance et l'amitié de son maître, qui savoit que ses plus grands ennemis étoient ceux que *Carvalho* venoit de dompter. Quoique le crime des conjurés fût horrible, et que le châtiment qu'ils reçurent, fût bien mérité, on accusa cependant le ministre d'avoir écouté son ressentiment particulier pour la haute noblesse, à laquelle il avoit voué une profonde aversion, tant à cause des mortifications personnelles qu'elle lui avoit fait éprouver autrefois, qu'à cause de l'insolence avec laquelle elle traitoit le roi lui-même. Accoutumée à l'impunité, ce n'étoit que par une grande rigueur qu'elle pouvoit être contenue. Le ministre, qui se complut peut-être à se voir l'instrument dont se servoit le roi pour la ramener à son devoir, passa pour cruel auprès de tous ceux qu'effrayent les supplices, même les plus mérités. Il est vrai que se trouvant, par le rôle qu'il jouoit, en butte à de fréquentes conspirations, il en fit punir très-sévèrement tous ceux qu'il soupçonnoit d'en être les auteurs; et il est possible que, comme l'ont débité ses ennemis, plus d'un innocent ait été atteint par son ressentiment déguisé sous les formes de la justice.

Les deux grands événemens consécutifs qui avoient occupé ses sollicitudes, et fourni à ses talens peu communs, l'occasion de se déployer, détournèrent pendant quelque temps son attention des autres affaires du gouvernement. Il s'y livra tout entier dès que ces deux crises furent passées. Le militaire, pour lequel il n'avoit pas d'inclination, qu'il négligeoit même en temps de paix, occupa d'abord quelques-uns de ses momens. Mais il se voua sur-tout, avec un zèle infatigable, à ranimer les arts, l'architecture, les sciences, le commerce, la marine ; à reconstruire la malheureuse ville de Libonne. Tout se ressentit bientôt de son habileté et de sa sagesse ; et l'envie même, qui ne l'a point épargné, ne peut lui refuser le titre de *Sauveur du Portugal* et de *Restaurateur de sa Patrie.* Aussi, lorsqu'en 1766, une maladie grave menaça de l'enlever au Portugal, l'alarme fut générale. Ceux qui aimoient leur patrie pleuroient sa perte, qu'ils regardoient comme certaine, ainsi qu'ils pleurent sa disgrace, qui a suivi de si près la mort du roi Joseph; et ce n'est pas sans raison. On croit en appercevoir déjà les suites fâcheuses. Le Portugal rentre dans l'apathie à laquelle ce ministre avoit commencé de l'arracher. Il retombe sous la domination des prêtres, et il n'est plus d'homme assez courageux pour le sauver de ses plus grands ennemis. Ce n'est pas cependant que le marquis de Pombal ait été à l'abri de reproches fondés. Sans doute il a trop peu déguisé l'envie d'accroître sa fortune. Il a déployé trop de faste. Devoit-il, par exemple, faire construire un palais pour son usage, lorsque le roi étoit logé sous des baraques? Etoit-il prudent d'étaler aux yeux du public les richesses qu'il avoit amassées, et d'éveiller ainsi la jalousie et la haine? Aussi n'a-t-on pas manqué de dire qu'il s'étoit enrichi aux dépens de l'état et du peuple. Aussi, à peine le roi eut-il fermé les yeux, qu'il s'est vu exposé aux plus grands dangers; et que le peuple, si facile à égarer, a demandé sa tête. Mais son erreur n'a pas été longue. Trois semaines après que le marquis fut exilé dans ses terres, j'ai entendu ce même peuple le redemander. Les travaux publics étoient suspendus; les ouvriers manquoient de subsistance : tout accusoit l'absence de ce ministre, dont l'activité savoit tout vivifier. Il est retiré avec sa femme dans sa terre de Pombal (1), et y vit en philosophe.

(1) Dans une des tournées, que je fis en Portugal pour visiter l'intérieur de ce royaume, je fus voir M. le marquis de Pombal. Je lui étois particulièrement recommandé; aussi, me reçut-il avec toute l'honnêteté possible. Je connoissois ce ministre de réputation; l'envie que j'avois de le connoître personnellement,

On lui a donné une pension comme ministre retiré, et il ne peut venir à la cour. Je

ne pouvoit s'exprimer. J'arrivai donc dans le village dont il porte le nom ; et, de mon auberge, je lui écrivis pour savoir l'heure à laquelle je pourrois lui remettre les lettres que j'avois pour lui ; je m'y rendis sur les dix heures du matin, et je fus introduit dans la chaumière de ce grand homme. Il est actuellement un peu mieux logé ; mais à l'époque où je le vis, il étoit dans une très-petite maison, et il dormoit dans une chambre dont les murailles étoient nouvellement enduites de plâtre.

L'abord de M. de Pombal est, on ne peut pas plus agréable, plus aisé. Il me fit mille questions ; affecta d'ignorer entièrement ce qui se passoit en Europe. Il me pria de le mettre au courant des événemens. Il me questionna même sur le Portugal ; me demanda dans quel état se trouvoit Lisbonne. Il voulut savoir quel motif ou quel hasard me conduisoit dans ce coin écarté de la terre. « Accoutumé, lui dis-je, à voyager depuis ma jeunesse, je visite toujours l'intérieur des pays que je parcours, sans me borner aux principales villes, aux ports de mer, sur lesquels il n'y a rien de nouveau à recueillir : d'ailleurs, je désirois connoître celui qui avoit cherché à faire tant de bien à son pays ». Nous entrâmes peu à peu en conversation ; il m'invita à passer huit jours avec lui, et me retint à dîner et à souper pour ce jour-là. Je lui exprimai mon étonnement sur l'état dans lequel j'avois trouvé Lisbonne, après le peu de temps qui s'étoit

ne m'étendrai pas davantage sur ce qui concerne le marquis de Pombal. Chacun des

écoulé depuis sa catastrophe. Il me répondit qu'actuellement il ne pensoit à rien de tout cela ; qu'il étoit vieux, qu'il songeoit à se reposer ; mais que si la providence lui eût conservé son maître plus long-temps, il se fût efforcé, de suivre, avec le même zèle, l'entreprise dont il n'avoit pu qu'ébaucher l'exécution ; et qu'indubitablement, il eût jeté les fondemens d'un palais pour le roi. Il me retraça le magnifique plan qu'il avoit adopté pour cet édifice. Placé sur une petite hauteur, près de Belem, il eût dominé la mer et la ville, et eût été élevé dans le centre d'un grand parc, clos de hautes murailles, auxquelles auroient été, de distance en distance, adossés les palais des principaux seigneurs de la cour, et les hôtels des personnes qui y étoient attachées par leurs charges.

M. de Pombal a apporté avec lui beaucoup de livres ; il lit ou se fait lire continuellement : ces livres sont tous français. Il parle notre langue aussi facilement que nous-mêmes ; il possède également bien l'allemand, l'anglais et l'italien. Il ne prononçoit qu'avec attendrissement le nom de *son respectable maître*. « *Il m'honoroit*, dit-il, *de sa confiance. Perdre son roi et son ami ! c'est une épreuve trop forte pour que je puisse y résister ; aussi le soleil a-t-il perdu pour moi l'éclat de ses rayons ; non, rien ne peut me dédommager de la perte que j'ai faite* ». Et quelques larmes s'échappoient de ses yeux. Vainement je cherchois à détourner la conversation sur un autre objet : il m'y ramenoit sans cesse. « *Du moins*

articles que je vais traiter le rappelera. On feroit un volume de toutes les anecdotes qui

*je serai heureux ici*, poursuivoit-il ; *vous voyez cette chaumière? elle n'est pas à moi; je la loue. Cet homme qu'on accuse de n'avoir songé qu'à lui, ne s'est même pas bâti un réduit dans sa terre* ». Puis me montrant un grand bâtiment neuf : « *C'est un magasin appartenant à la ville. Je l'ai fait construire pour y renfermer les grains dont il est rempli. Enfin, ainsi que Sully, je vivrai plus heureux dans ma retraite, qu'au milieu des grands et de la cour. On m'a permis d'apporter mes livres, il me reste peu de chose à désirer* ». Il achevoit, lorsque madame de Pombal arriva : il voulut bien me présenter à elle. Elle a encore conservé une partie de ses agrémens : elle s'habille avec beaucoup d'art et de goût. Elle a de l'esprit sans doute ; mais elle n'a ni la force, ni le courage de son mari, pour soutenir sa situation. Au temps de la prospérité du marquis de Pombal, elle avoit à ses pieds les grands et le peuple ; sa maison étoit une sorte de cour. Lorsque les hommes venoient lui rendre visite, ils se mettoient à genoux pour lui baiser la main, suivant la coutume du pays. Sa vanité, flattée de tant d'hommages, ne peut s'accoutumer à l'isolement auquel la disgrace de son mari l'a condamnée. Abandonnée de tout le monde, seule, dans un village écarté, elle n'a d'autre satisfaction que celle de voir quelquefois ses enfans, qui viennent passer quinze jours avec elle. Née allemande, elle a la fierté des grandes familles de sa nation, et gémit secrétement de son expatriation, après avoir eu tant à s'en applaudir.

le regardent personnellement ; et ce n'est pas sa vie que je me suis proposé d'écrire.

Elle essaya de me dissimuler ses chagrins : elle n'y réussit pas long-temps. Au bout de dix minutes de conversation, ses yeux étoient baignés de larmes. « *Ceci est naturel à son sexe*, me disoit le marquis : *la consoler est pour moi une occupation de plus* ; *mais en suivant mon exemple, elle apprendra bientôt à supporter notre disgrace* ». Un instant après, on vint nous dire que le dîner étoit servi. *Venez*, me dit-il, *partager le repas frugal d'un hermite.* Au lieu du *repas frugal* qu'il m'annonçoit, je trouvai une table bien servie, et rien qui se ressentît des revers de sa fortune, ni même qui portât l'empreinte de la tristesse. Nous n'étions que nous trois. La conversation fut très-gaie. J'entrepris madame de Pombal sur l'Allemagne, et nous parlâmes quelque temps sa langue. Le repas fut court, ou du moins me parut tel ; les chaleurs étoient excessives. Au sortir de table, chacun fut prendre un moment de repos. Je profitai de ce temps, pour aller parcourir l'endroit qu'habitoit l'illustre couple. Il n'est point aussi désagréable qu'on me l'avoit dépeint à Lisbonne. Il y a sur une hauteur voisine les ruines d'un vieux château fort, qui forme un coup-d'œil assez pittoresque ; les eaux y sont excellentes. En sortant de chez le marquis, je trouvai à sa porte plus de deux cents personnes, à qui on distribuoit du pain et de la soupe. C'est ainsi qu'il s'est encore fait un grand nombre de partisans qui l'exaltent même dans sa disgrace ; et il m'a paru qu'il étoit chéri de tous les habitans du lieu. Enfin, après une prome-

D'ailleurs

D'ailleurs on en trouve les principaux traits dans le tableau de son administration, qui,

nade de deux heures, je retournai chez M. de Pombal, que je trouvai au milieu de ses livres. Nous reprîmes la conversation. Il me demanda si j'avois vu la cérémonie du couronnement de la reine; je devinai où il vouloit en venir, je lui répondis que oui, et qu'elle m'avoit paru s'être faite avec beaucoup de pompe et de majesté. Il voulut savoir si j'avois fait attention à toutes les peines inutiles que, dans cette occasion, ses ennemis s'étoient données pour le perdre; il me demanda même quelques détails sur la manière dont le peuple s'étoit comporté. Je lui dis ce que j'en savois, et j'ajoutai que cette circonstance étoit un triomphe de plus pour lui, puisqu'elle prouvoit l'impuissance de ses ennemis, autant que leur animosité. Sur quoi il me dit, avec une extrême vivacité, qui lui sied fort bien. « On avance » un paradoxe en se rendant l'interprète du peuple; on » lui fait dire qu'il me déteste; cela est impossible : » mes actions, ma conduite, tout m'assure du contraire. » Le peuple portugais ne peut me haïr, et vous en allez » sentir la raison. — Qu'est-ce que le Portugais au- » jourd'hui? qu'étoit-il, il y a quarante ans? Ne l'ai- » je pas mis dans le cas de n'avoir plus besoin de ses » voisins? N'ai-je pas établi par-tout, les arts, les » métiers, les maîtrises? N'ai-je pas, en outre, fait » rebâtir le tiers de la ville de Lisbonne? N'ai-je pas » établi de l'activité, répandu de l'aisance parmi les » artisans? — Non, avec tous les droits que je pense » avoir à la reconnoissance de ce peuple, je le crois

pendant plus de vingt ans, peut être regardé comme le tableau historique de Portugal.

» trop juste pour m'avoir voulu déchirer, et il ne l'a pas
» fait. Je vais vous dire quels sont les auteurs de tout
» ce que vous aurez pu appercevoir et entendre, lors
» du couronnement : Les seigneurs, qui s'obstinoient
» dans les insolentes prétentions que j'ai voulu anéan-
» tir, ont employé tous les moyens possibles pour me
» perdre ; ils ne pouvoient décemment se montrer à la
» tête du parti persécuteur. Qu'ont-ils fait ? Ils ont
» choisi quelques-unes de leurs créatures qui, déguisées
» en barbiers, en mariniers, en cuisiniers, etc. cou-
» roient les lieux publics, me décriant et me peignant
» sous les plus horribles couleurs. Le peuple, qu'on
» séduit facilement, a secondé un ressentiment qu'on
» lui fesoit un devoir de partager. Il me haïssoit, parce
» qu'on lui disoit qu'il le falloit. Plusieurs personnes
» que vous connoissez, ajouta-t-il, ont même, pour
» me desservir couru plusieurs jours sous ce dégui-
» sement, se sont mêlées parmi la populace, et ont
» inventé des calomnies qu'ils lui ont présentées comme
» des vérités incontestables. Au reste, tout ce que
» j'ai fait a été de l'ordre de mon maître ; je n'ai rien
» à me reprocher. On m'accuse particulièrement d'a-
» voir été cruel ; mais on m'a forcé de sévir. Quand
» j'annonçois les ordres du roi, et qu'on dédaignoit de
» les écouter, il falloit bien alors avoir recours à la
» force ; les prisons et les cachots ont été les seuls moyens
» que j'aie trouvés pour dompter ce peuple aveugle et
» ignorant ». J'ai passé ainsi, auprès de ce ministre,

Nous allons présentement parler des colonies que le Portugal possède hors de l Europe.

cinq jours dans les entretiens les plus intéressans. Il a bien voulu me communiquer, sur le Portugal, plusieurs notions et plusieurs de ses propres réflexions : j'ai fait usage des unes et des autres dans le cours de cet Ouvrage. ( *Note de l'Auteur.* )

(*) Son origine est assez indifférente, sur-tout pour les Républicains français. Mais, la vérité est que M de Pombal étoit d'une de ces familles nobles, mais obscures, pour lesquelles les grandes familles n'ont guère moins de dédain, que pour celles qui sont roturières; que, dès sa jeunesse, il fut indigné de leur morgue; et que le ressentiment qu'il en avoit conservé, a été la principale source de cette sévérité, quelquefois barbare, qu'il se plut à déployer contre les grands de Portugal, au temps de sa toute-puissance. ( *B.* )

## CHAPITRE VIII.

### *Colonies Portugaises.*

Les Portugais ont été les premiers des peuples de l'Europe à étendre les bornes de la navigation. On sait qu'ils ont possédé seuls, et pendant plus d'un siècle, les Indes Orientales, dont ils étoient les premiers conquérans; leur langue y est encore aujourd'hui la plus étendue, et celle dont on se sert dans le commerce. Lorsque les Anglais et les Hollandais pénétrèrent dans cette partie du monde, ils en chassèrent les Portugais avec autant de facilité, que ceux-ci en avoient eu à conquérir ce pays immense, ancien théâtre de leur gloire et de leurs cruautés. Autrefois il possédoient tout ce qui est compris depuis la mer Rouge, le golfe Persique, dans lequel est la ville d'Ormus, jusqu'à la Chine, au Japon et aux îles Liqueo (1).

(1) Ce sont plusieurs îles placées entre la Corée, les îles Formoses et le Japon. Il y en a trente-six, et chacune d'elles a son nom particulier. Celle où le monarque fait sa résidence, se nomme *Ticou-Kicou*. Les habitans tiennent à la nation chinoise; ces îles abon-

Ormus avoit un des ports les plus considérables, les plus fréquentés de l'Orient avant qu'on eût découvert la route du Cap-de-Bonne-Espérance ; c'étoit l'entrepôt de tout ce que pouvoient fournir les Indes. Les nations de l'Occident y abordoient par la mer Rouge ; les marchandises qu'on y apportoit étoient de là transportées par le golfe Persique jusqu'à Bassora, et se répandoient ensuite par les caravannes. Les Vénitiens et les Génois venoient les prendre dans les ports de Syrie ; aujourd'hui ce commerce est bien tombé. Ormus étoit célèbre par la pêche qui se fait dans ce golfe des plus belles perles de l'univers.

Ces vastes possessions se réduisent aujourd'hui à la ville de *Goa* (1), à celle de *Diu* (2),

dent en tout ce qui est nécessaire et agréable à la vie. Elles ont toutes sortes de grains, de fruits, d'arbres ; et tous les animaux connus ailleurs, excepté les loups, les tigres, les ours, les lièvres et les daims. Les insulaires de Liqueo, sont généralement hospitaliers, adroits, laborieux, sobres et d'une extrême propreté dans leurs maisons. On les dit fort enclins aux jeux et aux divertissemens. (*Note de l'Auteur.*)

(1) Cette ville est située sur la côte de *Malabar*, dans une petite île très-fertile. L'amiral Albuquerque,

et à quelques petits comptoirs, qui sont en mauvais état, et de peu de considération

avec une flotte de 19 vaisseaux, s'en rendit maître en 1510. Les habitans ne firent aucune résistance, parce qu'un de leurs prêtres leur avoit prédit l'arrivée d'une flotte étrangère, à laquelle ils seroient obligés de céder. Depuis cette époque, les Portugais l'ont perdue et reprise; ils en sont actuellement paisibles possesseurs. Ils en ont fait le premier marché des Indes. Goa est devenue la clef de tout le commerce de l'Orient. Il a été s'y établir des hommes de toutes les nations de l'Europe. La ville est très-bien bâtie, sa situation charmante, et son territoire fertile: les chaleurs y sont excessives. Voici ce qu'un auteur portugais rapporte sur les usages, les coutumes et les mœurs de ses compatriotes, dans cette partie de l'univers.

« Les Portugais ne forment que le plus petit nombre des habitans de Goa. Outre les esclaves et les moines, on y distingue différentes classes de citoyens. Les *castices*, qui sont nés de père et mère portugais; les *métis*, dont le père est portugais et la mère indienne; et les *Indiens* naturels, nés de père et mère indiens. Les *castices* ont ordinairement les premières charges; mais, quelqu'état ou quelque métier qu'ils professent, ils se font tous titrer de gentilshommes.

La classe des métis est bien plus considérable que celle des *castices*; les métis sont admis dans les ordres religieux; ce que ne peuvent les Indiens absolument noirs. Les moines refusent de les admettre parmi eux, quoique l'archevêque leur ait permis d'entrer dans

pour l'Europe. Les plus importans sont ceux de *Chaul*, pres Bombai, sur la côte de

les ordres qu'ils choisiroient, après avoir été baptisés. Il y a parmi eux des médecins très-estimés. C'est une grande richesse à *Goa*, que d'avoir un grand nombre d'esclaves : il s'en fait dans cette ville un commerce considérable, et lorsque les femmes esclaves sont sans maris, les Portugais vivent avec elles : les enfans qui proviennent de cette union, sont légitimés. Alors la mère devient libre; mais les enfans appartiennent aux maîtres, etc. « Les femmes, dit-il dans un autre endroit, sont singulièrement portées pour les Européens : il n'y a pas de ruses dont elles ne se servent, pour leur faire connoître la passion qu'elles ont pour eux; car elles sont rigoureusement surveillées par les Indiens. Les femmes portugaises ne vont jamais à pied dans les rues de *Goa*, non plus que les *métisses;* elles sont, aussi bien que leurs maris, portées dans des palanquins, et, comme eux, marchent avec une grande suite et beaucoup de faste. Là, les maris, ainsi que les nôtres, poursuit cet auteur, sont très-jaloux, et les femmes, comme les Portugaises d'Europe, sont avides des plaisirs de l'amour, sur-tout quand c'est aux dépens de la fidélité conjugale ». Pour ce qui est du christianisme, il a à Goa les mêmes formes qu'en Portugal. Les processions y sont encore plus pompeuses, et présentent l'image des plus étranges mascarades. L'inquisition y déploie sans limites, toute son autorité; enfin, à *Goa*, comme en Portugal, la religion s'allie avec les crimes les plus atroces, les mœurs les plus corrompues, et la plus cra-

*Malabar*, et de Balaim, à 20 lieues au midi de *Daman*, ville située dans le golfe de Cambaye. En Chine, les Portugais ont encore la ville de Macao, qu'ils ont bâtie eux-mêmes dans une péninsule qui se trouve à l'embouchure de la rivière de Canton ou Quang-Tong. Ils avoient rendu cette ville florissante, en y établissant le centre de leur commerce; mais aujourd'hui elle a perdu presque tout son éclat, quoique les Por-

puleuse débauche. Nous ajouterons à ce tableau, que Goa, qui étoit une des plus belles possessions des Portugais, est infiniment déchu de son ancienne splendeur. Leur molesse a laissé passer, dans les mains des étrangers, des richesses immenses; et les Hollandais ont, plus qu'aucune autre nation, profité de la négligence et de la mauvaise administration des Portugais.

( *Note de l'Auteur.* )

( 2 ) *Diu* appartient aux Portugais depuis 1535: cette ville s'est rendue fameuse par les différens siéges qu'elle a eus à soutenir. Les femmes l'ont illustrée par leurs actions héroïques. Elle est pareillement située dans le *Mogol*, à l'entrée du golfe de *Cambaye*. *Surate* et *Cambaye* ont beaucoup nui, dans les temps modernes, à son commerce, qui étoit autrefois très-florissant. La situation de cette ville est des plus romantiques, et les rochers qui la défendent la rendent presque imprenable. ( *Note de l'Auteur.* )

tugais aient conservé la permission de commercer à Canton à deux époques de l'année. Avec plus d'adresse, ils pourroient tirer de ce qui leur reste un grand avantage. Macao est séparé de l'intérieur du pays par une grande muraille, près de laquelle est une garde continuelle pour empêcher les Portugais de la passer ; les Chinois qui habitent la ville, ne peuvent aller dans l'intérieur sans permission ; les Portugais leur payent un tribut pour l'emplacement de leurs maisons, de leurs églises, et pour leurs troupeaux.

Chacun de ces établissemens que les Portugais possèdent encore dans l'Inde a sa garnison et son gouvernement ; mais sa population est très-peu considérable. A peine dans toutes ces colonies trouve-t-on cinq mille Portugais. Aussi ne sont-elles d'aucun profit pour le trésor public, auquel même il en coûte pour les entretenir. Les Hollandais et les Anglais les ont ruinées.

Les possessions des Portugais en Afrique ne leur sont pas plus avantageuses. Cette nation y est dans un état de faiblesse extrême : son commerce a reçu une atteinte presque mortelle par les établissemens des

Anglais, des Français, des Hollandais et des Danois le long de la côte de Guinée. Autrefois les colonies portugaises s'étendoient en Afrique, depuis Tanger jusqu'à la mer Rouge, c'est-à-dire, qu'elles embrassoient toute cette partie du monde, excepté ses côtes sur la Méditerranée. Il leur reste aujourd'hui, dans le royaume de Maroc, *Mazagan*, place forte qu'ils ont bâtie le long de la mer sur la frontière de la province *Duquela*, et plusieurs comptoirs sur la côte de Guinée (1) et sur celle de *Malaguette*, voisine de la côte d'Ivoire; mais ces comptoirs ne sont pas en meilleur état que ceux de l'Asie. Ils ont dans le *Monomotapa* (2)

(1) Les Portugais y avoient autrefois de grands établissemens, qu'ils se sont laissés enlever, tant par les Anglais que par les Hollandais. Le peu de commerce qu'ils ont conservé, consiste en ivoire et en cire. Quant aux nègres, ils n'en tirent de cette côte que 5 ou 6000 chaque année. (*Note de l'Auteur.*)

(2) Le *Monomotapa* qui peut avoir 160 lieues du midi au nord, est un pays très-riche, fertile en productions de la terre, et abondant en mines d'or. Les Portugais y ont quelques établissemens, dont ils pourroient tirer un profit assez considérable. Ils sont presque les seuls Européens qui y commercent. Ils y ont des lieux marqués pour faire les échanges de leurs mar-

quelques forts, et sur la côte de *Melinde* (1) la ville de ce nom, et *Quiloa*. Melinde est

chandises. *Massapa* étoit anciennement le premier marché de ce pays; il est encore aujourd'hui la résidence des gouverneurs portugais. Non loin de cette ville, sont de hautes montagnes, d'où on prétend que les anciens ont tiré de grandes quantités d'or. On voit encore les chemins qui conduisoient aux mines. Les Portugais ont aussi, sur cette même côte, la ville de *Sofala*, capitale de la province de ce nom. Aujourd'hui encore, le prince qui la gouverne est tributaire du roi de Portugal. Les Portugais ont bâti, sur cette côte, une forteresse qui les rend maîtres de tout le commerce du pays, quoique les naturels les inquiètent beaucoup, et en aient massacré un grand nombre. Ils ont, sans doute, provoqué ces traitemens, tant par leurs cruautés que par la jalousie qu'ils inspirent aux hommes. Le commerce de cette contrée consiste en or, ivoire, ambre, esclaves, qu'ils échangent contre des soieries et des toiles des Indes. L'agriculture y est assez florissante. Les Portugais avoient aussi possédé la partie qui est au midi de la côte de Sofala, et qui fut appelée la *Terre de Natal*, parce que Vasco de Gama la découvrit le jour de Noël. C'est une possession assez intéressante, que les Hollandais ont enlevée aux Portugais. ( *Note de l'Auteur*. )

(1) Les Portugais ont différentes possessions sur la côte du *Zanguebar*, telles que les villes de *Querimba*, *Quiloa*, *Monfia*, *Zanzibar*, *Pemba*, *Monbaza*, *Melinde*, *Lamo* et *Pata*. *Melinde*, qui est la capi-

une ville assez considérable sur la côte de *Zanguebar*. Sur la même côte ils ont en-

tale du royaume de ce nom, est très-peuplée; la côte est singulièrement pierreuse, et l'entrée du port est peu sûre. Les marchands qui viennent commercer dans cette ville, sont des Indiens de *Cambaye* et de *Guzurate* : ils y apportent des épices, du cuivre, du mercure, des toiles de coton; et ils échangent ces marchandises, contre de l'or, de l'ivoire, de l'ambre et de la cire. On connoît à peine les limites du royaume de Melinde : il est gouverné par un prince mahométan, avec lequel les Portugais sont alliés depuis près de trois cents ans. Sa cour est à Monbaza : elle est la plus brillante de toutes celles qu'on trouve sur cette côte orientale de l'Afrique. Cet établissement appartient aux Portugais : son sol produit abondamment toutes sortes de fruits et de plantes. Le pays abonde en troupeaux; le climat y est tempéré, et l'air très-sain. La ville est assez grande, quoique bâtie sur l'extrémité d'un rocher, contre lequel la mer vient se briser. Le commerce y est ouvert pour les marchands de tous les pays. Le port de Monbaza est assez bon, et continuellement rempli de vaisseaux.

L'établissement de *Querimba* est de très-peu d'importance; il est aujourd'hui dans la juridiction du gouverneur de Mozambique.

Celui de *Quiloa*, est plus considérable : c'est un petit royaume, dont le souverain est tributaire du roi de Portugal. La capitale, qui porte le même nom, faisoit autrefois un commerce très-riche avec Sofala,

core *Monbaza*, qui est la résidence du roi de *Melinde* ; et dans le royaume fertile d'Ajan, la ville de *Brava* (1) ; enfin, dans une île située en face de la grande île de Madagascar, ils possèdent l'excellent port de *Mozambique*. La ville de ce nom est habitée seulement par les criminels portugais, qu'on y envoie, au lieu de les punir de mort : l'air y est si mal-sain, qu'on y peut

l'Arabie et les Indes. Mais les peuples voisins ont ruiné cet établissement. Les Portugais y ont cependant un fort qui leur en assure la possession.

L'établissement de *Monfia* est presque nul, de même que ceux de *Pemba* et de *Zanzibar*; chacun d'eux cependant, a le titre de royaume, et est tributaire du roi de Portugal. Leur terrain produit abondamment du riz, du miel, et des cannes de sucre.

Enfin les villes de *Lamo* et de *Pata*, sont aujourd'hui gouvernées par des petits rois, également tributaires du roi de Portugal : c'est en abrégé tout ce qui concerne les établissemens portugais sur la côte de *Zanguebar*. (*Note de l'Auteur.*)

(1) Cette ville est très-commerçante, et se gouverne en république, sous la protection du Portugal : elle est située entre les côtes de *Zanguebar* et d'*Ajan*. Le port est assez bon. Les naturels du pays voulurent, en 1528, se révolter contre les Portugais, qui, pour les réduire, en firent un carnage affreux.

(*Note de l'Auteur.*)

à peine survivre cinq ou six ans à la transplantation: cependant elle contient 2,000 habitans. Les Portugais regardent avec raison cette possession comme la clef principale de celles qu'ils ont dans les Indes : ils y entretiennent une très-forte garnison. En 1608, les Hollandais entreprirent de la leur enlever : trompés dans leur tentative, ils s'en vengèrent par beaucoup de cruautés.

Plus bas, vers le sud, les Portugais ont *Quilmancy*, établissement peu considérable à l'embouchure de la rivière du même nom. Mais de toutes leurs possessions en Afrique, la plus belle et la plus intéressante est, sans contredit, le royaume de *Congo* (1). Sa

(1) Le royaume de *Congo* a environ soixante lieues de côtes, et s'étend du port de *Loanda* à la grande et belle rivière de Zaire, qui le traverse. Angola fesoit anciennement partie de ce royaume ; mais il en fut détaché, vers le milieu du seizième siècle, par un usurpateur, qui, avec le secours des Portugais, s'en fit déclarer le souverain. Il est à regretter qu'on ne puisse remonter le Zaïre qu'à douze lieues. A la faveur de ce fleuve, on s'introduiroit avec plus de facilité dans l'intérieur du pays. Ce fut sous le régne de Jean II, vers la fin du quinzième siècle, que l'on découvrit la partie de la Guinée, contiguë au royaume de *Congo* ; ce prince envoya une flotte, sous les ordres

principale ville est St. Paul de *Loanda* ; c'est là que réside le gouverneur que le roi

de Jacques *Canus*, qui doubla le cap Sainte-Catherine, sur les confins de la Guinée, et parvint jusqu'à l'embouchure du Zaïre. Ce navigateur y érigea une colonne sur laquelle il grava les armes du Portugal. Il pénétra ensuite dans l'intérieur du pays, où il travailla avec succès à l'établissement du commerce et à la propagation du christianisme. En se rapprochant du cap de Bonne-Espérance, on trouve, dans les royaumes d'Angola et de Benguela, et tout le long de la côte (*), plusieurs établissemens portugais, plus ou moins considérables. ( *Note de l'Auteur.* )

(*) En général, les Portugais prétendent dominer exclusivement sur toute la côte d'Angola, et permettent difficilement aux autres nations de faire la traite des nègres, au-delà de l'embouchure du Zaïre et du cap Padron, au sixième degré de latitude méridionale. Or, on sait qu'elle peut se faire jusqu'à la rivière de Coanza, deux ou trois degrés plus au midi, et même quelquefois jusqu'au cap Negro, qui est sous le seizième degré de latitude. La cour de Lisbonne a même, en quelques occasions, affecté, sur cette côte d'Angola, une supériorité territoriale, incompatible avec la possession où sont plusieurs nations d'y faire la traite. En 1784, ses agens se permirent d'y troubler le trafic de la nôtre, à Cabinde, qui fait partie de cette côte, et même d'y insulter notre pavillon. La cour de France y envoya un de nos plus habiles marins, M. de Marigny, qui, pour premier

de Portugal y envoie: elle est considérablement peuplée, et son port est excellent. Le roi de Congo est tributaire; mais, à cela près, fort peu dépendant du roi de Portugal. Ce pays est principalement le lieu d'exil des criminels d'état du Portugal : c'est là qu'est mort *D. Diego de Mendoça*, prédécesseur

acte de représailles, détruisit le fort qu'il trouva à Cabinde. Cette voie de fait, assurément légitimée par les circonstances, pensa causer, entre la France et le Portugal, une rupture à laquelle, sans doute, les Anglais eussent pris part. L'Espagne, dont l'intervention fut réclamée par les deux cours intéressées, témoigna de la partialité en faveur du Portugal, dont elle venoit de se rapprocher par deux mariages de famille. Elle ne parut pas éloignée d'appuyer ses prétentions à la souveraineté sur la côte d'Angola. Après une longue discussion, le différend fut terminé à l'amiable. Notre condescendance laissa la question indécise, ou plutôt, en consentant au rétablissement du fort de Cabinde, avoua tacitement la souveraineté du Portugal. Ce triomphe en étoit un pour les Anglais qui dominent, par le fait, par-tout où les Portugais règnent de nom. Mais on peut espérer qu'ils ne sera pas durable, et que la République française, qui a déclaré la guerre à toutes les usurpations, profitera de ses avantages pour faire renoncer la cour de Lisbonne à des droits qui n'ont d'autre fondement que ses prétentions. ( *B.* )

du

du marquis de Pombal. On y envoie aussi toutes sortes de vagabonds et de scélérats ; et c'est ainsi que le Portugal entretient et peuple ses colonies.

En général, les différentes possessions de l'Afrique sont de très-peu de rapport pour le souverain du Portugal : les tributs que lui paient quinze princes de cette côte, à qui on donne le titre de rois, peuvent flatter sa vanité, mais ne compensent pas, à beaucoup près, ce que lui coûte l'entretien de ces places, quoiqu'elles soient en mauvais état. Sans doute, avec les moyens dont le Portugal est pourvu, on pourroit tirer un bien meilleur parti de ces établissemens ; mais il lui faudroit un autre genre d'administration, moins de préjugés et beaucoup moins d'hommes inutiles, dont l'ignorance et la paresse ralentissent les progrès de l'industrie dans des pays si éloignés.

C'est dans l'Amérique méridionale que les Portugais ont leurs possessions les plus précieuses. La première, et celle qui mérite le plus d'être connue, c'est le Brésil ; vaste, opulente et malheureuse contrée, dont la conquête et la conservation ont coûté des fleuves de sang à l'humanité.

Voici la description, plaisamment emphatique, qu'en donne, dans le style poétique qui lui étoit propre, *D. Sébastien de Rocha-Pitta*, dans son *Histoire de l'Amérique portugaise, depuis sa découverte en* 1500, *jusqu'en* 1724. « La plus considérable por-
» tion de toutes les parties du monde, c'est
» le Brésil : région immense, pays fortuné,
» dont la surface n'offre que des fruits, l'in-
» térieur que des trésors, les montagnes et
» les côtes que des aromates; dont les cam-
» pagnes paient pour tribut l'aliment le plus
» utile, et les mines l'or le plus fin; dont
» les arbres fournissent le baume le plus
» exquis, et les mers l'ambre le plus pré-
» cieux; pays admirable, à jamais riche,
» où la nature, merveilleusement prodigue,
» se répand en fertiles productions, que,
» pour l'opulence du monarque et le bon-
» heur du monde, l'art prépare, en tirant
» de ses roseaux un agréable nectar, et de
» ses fruits une ambroisie délicieuse, dont
» n'étoient qu'une foible image ces alimens
» et cette liqueur, que les payens les plus
» polis et les plus civilisés fesoient servir
» à leurs dieux ». Le Brésil a 875 lieues du nord au sud, sur 425 de l'est à l'ouest.

Au nord, il est borné par le fleuve des Amazones (1); à l'est, par la mer; au midi, par le *Rio de la Plata* (1); et à l'ouest, par le

(1) Le fleuve des Amazones prend sa source au pied des Cordilières, non loin de la ville de Quito; et, après un cours de plus de 1400 lieues, va se jeter dans la mer du nord, par une embouchure qui en a au moins 35 de large. Sa navigation, interceptée par beaucoup de grandes îles, et par d'énormes troncs d'arbres, est extrêmement dangereuse. Les tempêtes sont plus violentes sur ce fleuve qu'en pleine mer. Son embouchure, sur-tout, présente un aspect effrayant. La rapidité de ses vastes ondes, y lutte avec un horrible fracas avec les vagues de la mer; et il faut une intrépidité, plus que commune, pour oser entreprendre de franchir les immenses montagnes d'eau que forme cet épouvantable conflit. Les Portugais et les Espagnols qui ont, les uns et les autres, des établissemens sur les deux rives du fleuve, sont familiarisés avec ces dangers. Les Anglais les bravent aussi en remontant cette première rivière du monde. Mais l'audace française n'en sera pas étonnée, si, comme les Républicains l'espèrent, ils obtiennent aussi de la jalousie portugaise de remonter ce fleuve, et de porter sur ses bords, spontanément fertiles, leurs spéculations commerciales. ( *B.* )

(2) Ce fleuve est un des plus grands que l'on connoisse. Il n'en est point dont l'entrée soit aussi difficile, et où les naufrages soient aussi fréquens. Son lit contient

grand pays des Amazones. Il a 1500 lieues de côtes, et se divise en 14 capitaineries ou provinces, toutes situées le long des côtes, dans la direction du nord au sud. C'est dans cette direction, que nous allons donner de chacune d'elles une description succinte.

## PREMIÈRE CAPITAINERIE.

### PARA.

La première province que l'on trouve le long du fleuve des Amazones qui borne le Brésil vers le nord, est celle de *Para*, dont la capitale est *Notre-Dame de Bellem*, située à l'embouchure de la rivière des Amazones: elle est considérable, bien bâtie et bien peuplée; son port est assez grand pour recevoir de gros vaisseaux. La province de *Para* peut avoir 12 à 1400 hommes de garnison, tant dans les villes que dans les différens ports construits le long de la rivière des

des bancs de sable, qui ont jusqu'à 35 lieues de longueur. Son cours est si rapide, et la masse d'eau qu'il porte à l'Océan est si considérable, que les eaux de la mer en sont adoucies à une très-grande distance de son embouchure. ( *B.* )

Amazones. La ville de *Para* a une population de 7 à 8,000 ames.

Au-dessus de *Para*, en descendant le fleuve des Amazones, on rencontre beaucoup de petites îles fort peuplées, qui appartiennent aux fidalgos portugais, et qui leur donnent le titre de baronies. Au bas du fleuve sont plusieurs forts, tels que *Corupa*, *Para*, *Tapagos* et *Rio-Negro*. On compte quatre villes dans cette capitainerie ; et sa population, la capitale exceptée, n'est pas de plus de 5,000 hommes : son gouvernement dépend de celui de Maragnon.

## DEUXIÈME CAPITAINERIE.

### MARAHAM ou MARAGNON.

Cette province, très-fertile, n'a de lieu peuplé que l'île St. Louis, contenant environ 1,200 ames. En 1612, les Français y avoient fait bâtir la ville de St. Louis avec une forteresse, que les Portugais possèdent aujourd'hui : c'est dans cette ville que réside le gouverneur-général des trois provinces du nord.

## TROISIÈME CAPITAINERIE.

### SIARA.

Cette province est peu considérable, relativement aux autres : elle est cependant très-bien peuplée ; mais, faute de ports propres à recevoir de gros navires, son commerce est presque nul : elle contient, au plus, 10,000 ames.

Ces trois premières provinces, sur-tout celle de Para, sont riches en mines de diamans.

## QUATRIÈME CAPITAINERIE.

### RIO-GRANDE.

Cette capitainerie est indubitablement la meilleure de tout le Brésil ; elle prend son nom de la rivière qui la traverse de l'orient à l'occident, et qui est navigable jusqu'à 150 lieues au-dessus de son embouchure : c'est là qu'on pêche les meilleures perles de tout le Brésil. Le terrain de cette province est très-fertile en toutes sortes de denrées : on y compte 12,000 ames, mais peu de Portugais.

## CINQUIÈME CAPITAINERIE.

### PARAIBA.

Cette province est très-fertile en fruits, grains, sucre, et sur-tout en bois connu sous le nom de *bois de Brésil*; elle est d'une médiocre étendue. Sa capitale est située sur la rivière qui porte son nom : son port est assez bon, et défendu par un fort nommé Sainte-Catherine. La ville contient près de 4,000 ames, et la province 20,000. Le sucre de cette capitainerie passe pour le meilleur de tout le Brésil.

## SIXIÈME CAPITAINERIE.

### TAMARACA.

Cette province est très-peu considérable. Elle a une île dans laquelle est bâtie la capitale, qu'on nomme *Nostra Senora de la Concepcion*. Cette capitainerie a une population de 10 mille ames, au plus, dont à peine le tiers est portugais.

## SEPTIÈME CAPITAINERIE.

### FERNAMBOUC.

C'étoit autrefois la plus belle, la plus

riche et la plus peuplée de toutes les provinces du Brésil ; elle a 65 lieues de côtes, sur lesquelles on trouve des ports assez bons. Outre la capitale, qui est *Olinde*, elle a encore d'autres villes, telles que *Serinham*, *Ignaram*, *Porto-Calvo*, *Alagoas del Norte*, *San-Antonio del Rio-Grande*, *Alagoas du Midi* sur le fleuve Saint-François qui borne cette province au sud, et *Penedo*.

*Olinde* est construite au bord de la mer, sur une élévation, dans un terrain délicieux ; elle a environ 12,000 ames de population, et 8 à 900 hommes de garnison.

*Fernambouc* est un évêché fort considérable, qui peut contenir 50 à 60,000 ames. Avec tant d'avances de la nature, avec une pareille population, il est étonnant que l'agriculture ait été plutôt en déclinant qu'en se perfectionnant dans cette province. La faute en est aux Portugais, dont la fainéantise et le peu d'industrie sont fidèlement imités par les autres colons.

## HUITIÈME CAPITAINERIE.

### SEREGIPPE.

Cette province n'a jamais été en possession d'une branche de commerce bien étendue, car elle n'a aucuns ports propres à recevoir de gros bâtimens. St.-Christophe en est la capitale. Elle a plusieurs autres villes peu considérables, et renferme près de vingt mille ames.

## NEUVIÈME CAPITAINERIE.

### LA BAIE DE TOUS LES SAINTS.

Cette capitainerie est à présent la plus importante du Brésil : elle est riche, commerçante, bien située et peuplée de plus de cent vingt mille ames. La capitale, qui est *San-Salvador*, est très-bien fortifiée, bien bâtie, et a un bon port sur la baie qui donne le nom à la province. Cette ville est riche, marchande, et contient vingt mille ames.

## DIXIÈME CAPITAINERIE.

### DOS ILHEOS.

Cette province a une capitale fort riche et assez bien peuplée, nommée *St.-George*. La barre de son port est très-bien défendue. Cette ville est opulente, fait un bon commerce en grains, et contient au moins vingt mille ames. La capitainerie Dos Ilheos comprend deux autres villes moins considérables.

## ONZIÈME CAPITAINERIE.

### PORTO-SEGURO.

Il n'y a dans cette province que deux villes, *Porto-Seguro* et *St.-Antoine*; elles font peu de commerce, et contiennent en tout huit mille ames.

## DOUZIÈME CAPITAINERIE.

### SPIRITU-SANTO.

La population de cette province est de vingt-cinq mille ames. Elle a trois villes: *Spiritu-Santo*, *Nostra Senora de la Vittoria*, et *Nostra Senora de la Concepcion*. La première des trois a un très-bon port.

## TREIZIÈME CAPITAINERIE.

### RIO-JANEIRO.

Cette province, qui prend son nom d'un fleuve, ne contient pas plus de cinq mille ames : elle est assez bien cultivée. St.-Sébastien, siége d'un évêché, en est la capitale. Une autre ville, celle de *Cabo-Frio*, fait un bon commerce en sel.

## QUATORZIÈME CAPITAINERIE.

### SAINT-VINCENT.

Dans la partie du sud de l'Amérique méridionale, il y a quatre différens gouvernemens, qui tous relèvent de celui de la Baie de tous les Saints. La province de Saint-Vincent est une des quatre. Sa capitale porte le même nom, et renferme près de trois mille ames. Cette capitainerie est une des plus commerçantes : elle est défendue par quelques forteresses. Le gouvernement de *Rio-Janeiro* contient huit mille ames. Anciennement il étoit plus riche, à cause des mines qu'on y avoit trouvées ; mais depuis qu'on a été fouiller celles de *Rio-Negro*, nouvellement découvertes, il a perdu beaucoup de sa richesse, et sur-tout de sa population. St.-Paul, autre gouvernement, dépendant de la Baie de tous les Saints, possède de grandes richesses dans les mines de diamans. Enfin, vers le midi, au bord de la rivière de la Plata, la colonie du St.-Sacrement, située vis-à-vis de Buenos-Ayres, termine ce gouvernement; elle vient d'être ruinée par le général espagnol Cevallos, à la suite de l'expédition beaucoup plus heureuse que bien conduite, qu'entreprit l'Espagne contre le Brésil, vers la fin de 1776 (1)

(1) Cette colonie du Saint-Sacrement, qui étoit depuis long-temps un sujet de querelles continuelles entre l'Espagne et le Portugal, fut définitivement cédée par cette seconde puissance à la première, en vertu du traité de paix du premier octobre 1777, dont la négociation suivit de très-près la mort du roi Joseph Ier., et par conséquent, la disgrace du marquis de Pombal. Ce traité acheva de fixer les prétentions et les droits respectifs de l'Espagne et du Portugal, dans l'Amérique méridionale. L'île de Sainte-Catherine, que les Espagnols avoient prise dans la capitainerie de Saint-Vincent, fut restituée; et les limites entre le Brésil et le Paraguai, déterminées de manière à ne plus causer des divisions entre les deux puissances.

Cette querelle, qui avoit pensé embraser les deux mondes, mérite quelques détails.

La vaste étendue des possessions de l'Espagne et du Portugal, dans l'Amérique méridionale, et leur peu de population, avoient donné lieu à de fréquentes discussions, dès l'époque où chacune de ces deux puissances, partant de deux points opposés, en avoit entrepris la conquête, et où le pape, Alexandre VI, sur leur

Cette partie méridionale du Brésil, qui aboutit aux rives de la Plata, est la plus

demande, avoit indiqué un méridien pour ligne de démarcation entre les provinces qu'elles avoient conquises. La partie qui avoisine la rivière de la Plata avoit été, sur-tout, le théâtre de ces démêlés. Les traités de 1680, de 1715 et de 1760, n'avoient fait que les suspendre pour quelque temps; de nouvelles querelles s'élevoient à mesure que la population des deux nations s'étendoit vers la frontière commune. De chaque côté, les colons avides de s'étendre, et se souciant fort peu du fameux méridien, le dépassoient tour à tour, tantôt sans connoissance et tantôt sans scrupule.

Par les derniers arrangemens, le *Rio-Grande*, dont l'embouchure est vers le trente-deuxième degré de latitude méridionale, formoit la limite entre les deux nations; et cependant, en 1770, les Portugais avoient passé ce fleuve, établi des postes sur le territoire d'Espagne, et forcé quelques détachemens espagnols à se retirer. Sur les plaintes de la cour de Madrid, le Portugal désavoua ses gouverneurs, et promit de faire évacuer les postes usurpés. Mais, c'étoit M. de Pombal qui promettoit. On pouvoit s'attendre à un manque de parole. Les terrains envahis furent conservés, étendus même. Les Portugais firent plus; ils cherchèrent à reculer aussi leurs limites plus au nord dans le Paraguai, sur les bords du Rio-Pardo. En 1773, le commandant espagnol de la province de Buenos-Ayres eut ordre d'aller reconnoître les nouveaux établissemens portugais. Il traversa, pour s'y rendre,

riche en culture, aussi bien qu'en mines; mais en général, toutes ces colonies portu-

plus de trois cents lieues de pays inhabités. On usurpe impunément à de pareilles distances. L'espagnol ſut d'abord reçu hostilement ; mais ayant préparé une attaque dans les ſormes, il vit ſuir les Portugais devant lui. Cet incident irrita l'orgueil du marquis de Pombal, auteur secret de ces entreprises. Il ordonna aussitôt (en juin 1774) l'armement de deux vaisseaux de guerre. Ce ne fut plus dès-lors, de la part des deux puissances, qu'une suite de préparatiſs militaires, tant en Europe qu'en Amérique, de pour-parlers, de promesses ſaites et violées par l'artiſicieux Pombal. L'Angleterre intervint en ſaveur du Portugal, la France en ſaveur de l'Espagne. Ce ſut d'abord amicalement de part et d'autre ; mais la querelle s'envenimoit, se compliquoit. M. de Pombal arguoit de l'ambiguité des traités, pour prétendre que le Portugal pouvoit garder les établissemens espagnols, situés sur la rive orientale de l'Uraguay, qui lui avoient été cédés en 1750, en échange de la colonie du Saint-Sacrement, quoique ce traité d'échange eût été formellement annullé par une autre convention, en 1760. Il ressembloit parſaitement à un marchand qui voudroit garder, à-la-ſois, sa marchandise et le prix qu'il en auroit reçu. Bref, il avoit tellement provoqué l'Espagne, dont il méprisoit le premier ministre, M. de Grimaldy, que la querelle alloit se décider par le sort des combats. Le début ne ſut pas heureux pour les Portugais. L'île Sainte-Catherine, sur la côte de la capitainerie de Saint-Vincent,

gaises sont loin d'être dans un état brillant. Après trois siècles de possession, rarement troublée, le Portugal ne devroit-il pas avoir assuré à tous égards leur prospérité ? Il y entretient huit mille hommes de troupes réglées, et environ quarante mille de mauvaise milice. Sur une étendue de côtes aussi vaste, sur un sol aussi facile à féconder, sous un climat aussi favorable, la population du Brésil ne s'élève pas au-dessus de quatre cent cinquante mille ames, dont un cinquième au plus est portugais.

Pour compléter le tableau des possessions du Portugal, il nous reste à indiquer les îles qui lui appartiennent dans l'Océan, à

leur fut enlevée sans le moindre obstacle. Le Rio-Janeiro, le Rio-Grande, eussent été pris avec la même facilité, s'il y avoit eu plus d'activité de la part des généraux espagnols de terre et de mer, et plus d'accord entr'eux. La colonie du Saint-Sacrement, ancien et principal objet de la jalousie des deux puissances, céda aux armes des Espagnols. La mort du roi Joseph vint heureusement mettre un terme à ces hostilités. Elle produisit d'abord une trève. Le traité préliminaire fut signé le premier octobre 1777, et le traité définitif, le 24 mars suivant ; et la trop fameuse colonie du Saint-Sacrement fut irrévocablement cédée à l'Espagne. (*B.*)

commencer par la plus rapprochée de la métropole.

L'île de *Madère*, située au 32 degré 30 minutes à l'ouest de la côte d'Afrique, a 18 lieues de long, sur quatre et demie de large : elle est éloignée de cent cinquante-deux lieues de Lisbonne. On la divise en deux capitaineries, dont l'une se nomme *Machico* et l'autre *Funchal* : elles appartiennent l'une et l'autre à de nobles portugais. La première est très-bien cultivée : la seconde a une ville de son nom qui est assez bien fortifiée, et est le siége d'un archevêché. L'île de Madère contient en tout au plus cent vingt mille ames, sous les ordres d'un gouverneur qui y réside. Le roi retire beaucoup d'argent de cette île, tant par les douanes qui y sont établies, que par les dîmes que lui paient, comme au grand-maître de l'ordre du Christ, les commanderies de cet ordre. Elle a trois ports, qui sont : *Funchal* et *Sainte-Croix* au sud-est, *Machico* au nord-ouest. Cette île, découverte en 1418, par Jean *Gonzalès de Zarco*, fut nommée *Madère*, ou *Isle-de-Bois*, à cause des grands bois qui la couvroient alors. On y mit le feu, et on prétend

tend que les forêts brûlèrent pendant sept ans. Elle est très-renommée pour la délicatesse de ses vins.

A dix lieues au nord-est de Madère, est l'île de *Porto-Santo*, au trente-troisième degré et quelques minutes ; elle n'a que cinq lieues de long sur deux de large. La ville principale est *Porto-Santo :* c'est le seul port de cette île ; encore est-il mauvais. La ville est passablement peuplée ; on en tire toutes sortes de vins excellens. Cette île fut pareillement découverte en 1416 par le même *Gonzalez de Zarco* et *Tristan Vase*, qui vouloient doubler le cap *Bojador* ; ils furent surpris par une tempête qui les jeta sur une île jusqu'alors inconnue, qu'ils nommèrent *Puerto-Seguro* ou *Porto-Santo*, parce qu'ils y avoient trouvé leur salut.

Les Açores ou Tercères sont d'autres possessions portugaises, éloignées d'environ trois cents lieues à l'ouest de Lisbonne ; ces îles sont au nombre de neuf, toutes assez bien peuplées. Avec une meilleure administration, elles seroient d'un grand rapport pour le roi de Portugal ; elles furent découvertes par *Gonzalo Vello*, et prirent le nom qu'elles portent, de la grande quantité de vautours que l'on y trouva ; car, *açores*, en Espagne et en Portugal, signifie *vautours*.

La première de ces îles, qu'on rencontre en venant de l'est, est celle de *Sainte-Marie*, qui contient près de 6000 ames : elle a quatre lieues de long sur trois de large ; on n'y trouve qu'un seul port assez bien fortifié.

La seconde est *Saint-Michel*, qui est bien plus considérable que Sainte-Marie : elle a 18 lieues de long sur 2 de large ; on prétend qu'elle renferme plus de 40,000 ames. Elle est très-fertile, et seroit, on ne peut pas plus riche en productions, si la terre étoit entièrement cultivée. La ville se nomme *Ponte del Gada* : son port est assez bien situé. Cette île rapporte, à une maison portugaise qui la possède, près de 40,000 cruzades de rente.

L'île *Tercère* ou *Tercera*, c'est-à-dire, la troisième, a été ainsi nommée, parce qu'en effet elle est la troisième que l'on trouve en venant de Lisbonne. Elle a 13 lieues de long sur 6 de large : *Angra* en est la capitale. C'est le siége d'un évêché, et le séjour du gouverneur et de tout le conseil qui gouverne les Açores. Elle est située au sud de l'île : elle a un très-bon port dans lequel on entre par tous les vents, excepté par celui du sud qui oblige de lever l'ancre lorsqu'il souffle avec force. L'entrée de ce port est défendue par deux forts, dont les feux se croisent ; ils sont bien pourvus d'artillerie, et ont une garnison de 5 à 600 hommes. La ville d'*Angra* renferme 10,000 ames. Il y en a deux autres assez considérables ; savoir, *Saint-Sébastien* et *Villa-Praya* ; cette dernière a une baie vaste et bien défendue, et contient 3000 habitans. Saint - Sébastien n'en a que 1000. Le séjour de la ville d'*Angra* est délicieux. La nature fait prospérer sur son territoire les productions les plus variées. Rien de plus attrayant que l'aspect de ses campagnes. Les montagnes qui l'environnent s'élèvent en amphithéâtre et sont couvertes d'arbres. Mais ce bel horizon est déshonoré par une foule innombrable de prêtres, de moines et d'autres fainéans qui dévorent nonchalamment les produits d'une terre féconde, dédaignent d'y rien ajouter par leur travail, et y déploient impudemment leur scandaleuse licence. C'est le vice inhérent à tous les établissemens portugais. Les prêtres et les moines, cette tourbe d'oisifs qui végètent sous leurs auspices en se parant de leur livrée, forment presque par-tout les trois-quarts de leur population.

La quatrième des îles Açores, est celle de *Saint-Georges*. Elle est à 8 lieues au sud-ouest de la dernière. Elle a 11 lieues de long sur 2 de large, et contient en tout 30,000 ames. Son port est très-petit, mais bon et sûr. La partie de l'île qui est au midi de la ville, est la seule qui soit cultivée. Le terrain qui est au nord, est entièrement pierreux.

Au nord-ouest de l'île *Tercère*, vers le trente-neuvième degré et demi de latitude, se trouve l'île *Gracieuse*, habitée par quatre mille ames : elle a trois lieues de long sur deux de large, avec un petit port vers le nord, pour de très-petits bâtimens.

La sixième île est celle de *Fayal*, qui est à 18 lieues ouest-sud-ouest de Tercère : elle a 9 lieues de long sur 3 de large, et renferme quatre mille ames. La ville est heureusement située sur le bord de la mer, au pied des montagnes qui présentent une suite de jardins en amphithéâtre ; elle se nomme *Villa-Casta* : son port est bon, quoique petit. On voit près de cette ville les restes d'un grand volcan.

L'île du *Pic*, qui est la septième des Açores, a 16 lieues de long sur 5 de large, et deux mille huit cents habitans. *Villæ das Lagunas* est son principal port : on découvre cette île de loin en mer, parce qu'elle a une montagne escarpée, et d'une grande élévation. Elle a un autre petit port nommé *la Magdelaine* qui fait face à l'une des Tercères, l'île Saint-Georges.

La huitième est l'île de *Flores*, dont la principale ville est *Santa-Cruz*, chef-lieu d'un marquisat : elle a dix lieues de long sur trois de large, et contient environ deux mille cinq cents habitans.

L'île de *Corvo* est la neuvième, et est située au nord de celle de Flores : elle est très-petite, et n'a tout au plus que 500 habitans.

Passons aux îles du Cap-Verd. Elles tirent leur nom d'un cap de la côte d'Afrique, dont elles sont éloignées de cent lieues ; d'autres prétendent qu'elles ont, au contraire, donné leur nom à ce cap, et qu'on les a appelées ainsi, parce que, dans toutes les saisons de l'année, les arbres y sont toujours verds. La première et la plus considérable, est celle de *Saint-Jago*, ayant 18 lieues de long sur 8 de large. Elle a deux ports, l'un qui appartient à la ville principale nommée *St.-Jago*, qui est un siége épiscopal; l'autre, et c'est le meilleur, est celui de *Villa-Praya*.

Les autres îles sont peu considérables, et mal-peuplées. On en compte neuf; savoir: *Maï*, *Bonavista*, *Sal*, *Fuego*, *Brava*, *Saint-Nicolas*, *Sainte-Lucie*, *Saint-Vincent*, *Saint-Antoine*. Elles ne contiennent, toutes ensemble, pas plus de seize à dix-sept mille ames. L'air de ces îles est très-mal-sain; et malgré ce qu'on a dit de leur verdure éternelle, elles sont peu fertiles.

Celles que les Portugais possèdent dans la mer de Guinée, sont des propriétés bien peu précieuses. La première est celle de *Saint-Thomas*, éloignée de 39 lieues de la côte, à l'ouest-nord-ouest du Congo. Elle est précisément située sous la ligne : son climat brûlant, l'insalubrité de son air, en rendent le séjour funeste à ses habitans, qui ne s'élèvent pas au-dessus de trois mille. On n'y trouve qu'une ville qui est la résidence d'un évêque.

La seconde de ces îles, est celle *du Prince*, à vingt lieues nord-est de Saint-Thomas : elle a sept lieues de long sur deux de large, et renferme deux mille habitans.

La troisième est l'île de *Fernando-Po*, au nord-est de la précédente : elle a cinq lieues de long sur deux de large ; elle est très-bien peuplée.

La quatrième, située au sud-ouest de St.-Thomas, est l'île d'*Annobon* : elle a tout au plus six lieues de tour, et six cents habitans (1).

(1) De ces quatre îles, à la possession desquelles le Portugal, avec raison, n'attache pas une grande importance, deux, celles d'*Annobon* et de *Fernando-Po*, furent cédées à l'Espagne par le traité de 1778. La cour de Madrid désiroit, depuis long-temps, avoir près de la côte de Guinée, des possessions qui la missent à portée de faire par elle-même la traite des nègres. Sous ce rapport, elle crut avoir fait une excellente acquisition. Elle ne tarda pas à être détrompée. Le Portugal, lui-même, n'avoit jamais songé à profiter de ces deux îles pour la traite. Celle d'Annobon n'a aucune des avances, aucune des qualités nécessaires pour ce genre de commerce. Elle est mal peuplée, entourée de récifs et presqu'inabordable. Elle n'a que l'avantage d'être voisine de cette côte de Loango, où les nations qui font la traite achetoient les plus beaux nègres : mais un nouveau concurrent eût excité la jalousie et éprouvé des contrariétés, même de la part de nos armateurs, qui faisoient sur cette côte leur principal trafic.

Quant à l'autre île, celle de *Fernando-Po*, la plus

rapprochée de la côte de Guinée, c'étoit, après la cession, une sorte de conquête à faire par l'Espagne; car, le Portugal lui-même n'en étoit pas en paisible possession. Aussi, en 1785, sept ans après cette acquisition, que la cour de Lisbonne avoit eu soin de faire valoir, l'Espagne n'avoit pas encore pris une seule mesure pour en tirer parti ; et, depuis, elle ne s'en est pas occupée davantage. ( *B.* )

---

# CHAPITRE IX.

## *Population.*

Le Portugal est beaucoup moins peuplé qu'il pourroit l'être, d'après son étendue et la fertilité dont il seroit susceptible. Plusieurs causes expliquent ce défaut de population : la chaleur du climat, le luxe de la nature, produisent dans les jeunes gens des deux sexes un penchant irrésistible aux jouissances de l'amour, et une précocité dont ils abusent presque tous. Il n'est pas rare de voir des garçons nubiles à quinze ans, et de jeunes filles, à huit ou neuf ans. Quelquefois, dès cet âge, ces créatures infortunées expient par de honteuses maladies leurs plaisirs prématurés. Plus souvent, elles ont puisé ce poison dans le sein de leur mère. Le moindre inconvénient de ces anticipations sur l'époque du développement complet des organes est d'affoiblir le tempérament sans retour, et de tarir les sources de la vie.

Les mœurs du pays opposent encore d'autres obstacles aux progrès de la population. Il faudroit entrer dans des détails révoltans, pour en fournir la preuve. Mais si l'on se forme une idée des inconvéniens de la débauche la plus effrénée dans les deux sexes; si l'on sait que les femmes mariées recourent fréquemment aux moyens les plus réprouvés par la nature, pour faire disparoître les traces de leur coupable fécondité; que bien des maris jaloux s'abstiennent de cohabiter avec leurs femmes, pour empêcher leur infidélité ou pour en avoir la preuve; que tant de jeunes pages, attachés à toutes les maisons un peu distinguées, y sont les objets des plus honteux écarts; si l'on se rappelle que dans un royaume, où l'on compte peu au-delà de deux millions d'ames, il en faut prélever deux cent mille pour les prêtres et les religieux des deux sexes, consommateurs oisifs, qui sont perdus pour l'agriculture, pour les arts, pour le commerce, et même malgré la licence de leurs mœurs, pour la propagation de l'espèce humaine, on pourra expliquer la dépopulation du Portugal. Elle a encore d'autres causes dans les fréquens assassinats, et sur-tout dans cet horrible tribunal, dont l'existence seule repousse du sol portugais tous ceux qui ne professent pas la seule religion dominante, ou les y fait vivre dans des alarmes continuelles.

D'ailleurs les fréquentes émigrations des Portugais vers leurs possessions lointaines, l'influence de ces climats brûlans, et malsains pour la plupart, les ravages causés par les tremblemens de terre, par celui de 1755 sur-tout, qui a fait périr plus de 20 mille hommes, ajoutent encore aux causes de la dépopulation.

Enfin le grand nombre de nègres, de métis, de créoles qu'on trouve à Lisbonne, est une source de plus, des désordres qui concourent à abâtardir et à diminuer la race des Portugais. Leur moindre vice est la fainéantise. Beaucoup d'entr'eux sont voleurs et assassins. Presque tous exercent des métiers vils ou ridicules. Ce sont eux qui ordinairement précèdent les processions, en sonnant de la trompette, qui promènent dans les rues ces figures de saints qu'ils présentent aux hommages de la superstition. Cette classe d'hommes, au moins inutile, a singulièrement pullulé. Il s'en est glissé dans l'état ecclésiastique, et n'ont pas contribué à le rendre plus respectable. J'ai vu à Lisbonne plusieurs nègres tonsurés, et même quelques-uns revêtus de la prêtrise. Je ne fus pas peu surpris un jour en voyant une procession toute composée de nègres, dans laquelle on portoit en grande pompe, des saints de leur couleur (1).

Mais revenons à la population du Portugal, et présentons-en le tableau général, y compris celle de ses diverses colonies.

D'après ce que nous avons dit au chapitre de la géographie, l'Entre-Douro-y-Minho renferme cinq cent quatre mille ames, ci . . . . . . . . . . . . 504,000 ames

| | |
|---|---|
| Le Tra-los-Montes. . . . . . | 156,000 |
| Le Beyra. . . . . . . . . . . . | 560,000 |
| L'Estramadure portugaise . . | 660,000 |
| L'Alentejo . . . . . . . . . . . | 280,000 |
| Le royaume des Algarves . . | 65,000 |
| Total. | 2,225,000 |

(1) Je remarquai, en cette occasion, une chose assez bizarre. La grande rue par laquelle passoit la procession, étoit bordée de spectateurs. Pendant tout le temps que défila le pieux cortège, les jeunes filles qui y assistèrent, ne cessèrent d'éternuer. Je voulus savoir ce que signifioit cet étrange chorus. On me dit qu'il avoit pour objet de se moquer de ces pauvres nègres, parce qu'on prétend qu'ils n'éternuent jamais.

(*Note de l'Auteur.*)

Les possessions que les Portugais ont en Asie, peuvent contenir. . . . . . . . . . . . . . . 50,000 ames.

| | |
|---|---|
| Celles d'Afrique. . . . . . . . . . | 80,000 |
| Le Brésil. . . . . . . . . . . . . | 430,000 |
| L'île Madère et Porto-Santo . | 130,000 |
| Les Açores . . . . . . . . . . . . . | 80,000 |
| Les îles du Cap-Verd. . . . . . . | 16,000 |
| Les îles de la mer de Guinée . | 5,000 |
| Total. . . . . . | 791,000 (1) |
| Total des sujets du roi de Portugal. . . . . . . . . . . . . . . | 3,016,000 ames. |

(1) Dans cette population, il n'y a peut-être pas cent trente mille Portugais. (*Note de l'Auteur.*)

# CHAPITRE X.

## *Commerce.*

Je ne remonterai point à l'origine du commerce des Portugais; je laisserai aux érudits le soin de prouver que c'est des Phéniciens que l'Espagne et le Portugal ont appris à commercer. Je me bornerai à parler de l'état actuel du commerce de ce dernier royaume, et de ses relations mercantiles avec les autres parties du monde.

Avant que les Portugais eussent entrepris leurs magnifiques découvertes, ils jouissoient paisiblement chez eux, de la fertilité de leur sol, qui, alors, étoit assez bien cultivé; s'ils n'avoient pas le superflu, au moins trouvoient-ils le nécessaire. Les autres nations commerçoient déjà, qu'à peine connoissoit-on celle-ci, si ce n'est par son ignorance, sa mollesse et sa barbarie. Je diviserai ce chapitre en quatre articles, qui présenteront la situation actuelle de son commerce avec chacune des quatre parties du monde.

## Article premier.

### *Commerce avec l'Europe.*

Quoique la nation portugaise soit pauvre, elle offre cependant de riches et précieux alimens au commerce de l'Europe, tant de son propre sol, que de celui de ses colonies. Les principales marchandises que fournit le Portugal, sont des laines, des huiles, des vins, des raisins, des figues, des oranges, des citrons et des sels, tous objets d'une exportation assez considérable. Il reçoit de l'étranger plusieurs articles, dont il ne sauroit se passer : ce sont les bleds et autres grains, les étoffes de soie et de laine, les chapeaux, le fer, le goudron et le brai.

Les Portugais tirent de leurs colonies, des diamans, des topazes, des perles, de l'or, des cotons, de beaux cuirs, du tabac, des sucres, toute sorte de bois de teinture et de marquetterie, du gingembre, du poivre et de l'indigo. Le commerce du Portugal, s'il étoit bien entendu, consisteroit donc à importer et à exporter tous ces divers articles, de la manière la plus avantageuse ; mais l'Angleterre s'étant, pour ainsi dire, rendue maîtresse du commerce des Portugais, et ne souffrant la concurrence d'aucune autre nation, a fait baisser le prix de l'exportation, tandis que ceux d'importation sont restés considérables. Les Anglais, en suppléant les Portugais en tout, en favorisant leur fainéantise, ont travaillé, sous le titre d'*alliés*, à ruiner leur commerce et leur industrie, autant qu'auroient pu faire des ennemis déclarés. On avoit établi en Portugal des manufactures de laine, et, pour les rendre florissantes, le gouvernement avoit prohibé toute espèce de laine étrangère. Les Anglais vinrent à bout de faire lever cette interdiction pour eux, par un traité de commerce, conclu avec les Portugais, le 27 décembre 1703, pendant que Sir John *Methuen* étoit ambassadeur extraordinaire à Lisbonne. Bientôt les manufactures de draps tombèrent, lorsqu'elles furent en concurrence avec celles de l'Angleterre. Le ministère portugais se laissa surprendre en cette occasion-ci par l'habile négociateur. Il fut séduit par la perspective d'augmenter le débouché des vins du Portugal. Son pays avoit besoin de ces bayettes à la fabrication desquelles les laines portugaises, trop courtes et trop grasses, ne sont pas propres. Mais ne devoit-il devoit-il pas se borner à permettre l'entrée de cette étoffe; les laines du pays eussent été réservées pour les draps de bonne qualité, et les manufactures nationales n'eussent pas été ruinées.

Ce traité, si fatal à l'industrie du Portugal, mérite d'être connu en totalité.

ART. Ier. « S. M. le roi de Portugal promet, tant en son nom que pour ses successeurs, d'admettre, pour toujours, dans son royaume, les draps de laine et autres étoffes de laine de la Grande-Bretagne, sur le même pied qu'avant les interdictions, et aux conditions portées par les articles suivans.

II. « S. M. la reine de la Grande-Bretagne s'oblige, pour elle et pour ses successeurs, d'admettre, pour toujours, les vins du cru du Portugal, de façon que lesdits vins, soit en tonneaux, soit en barriques, ne payent jamais d'autres droits de douane, ni quelqu'autre impôt que ce soit, direct ou indirect, que ceux que l'on percevra sur la même quantité de vins de France, en diminuant un tiers en faveur de ceux de Portugal, soit que la France et l'Angleterre soient en paix ou en guerre; et si, en aucun temps, on porte atteinte, de quelque manière que ce soit, à cette déduction ou remise ci-dessus mentionnée, sa majesté le roi de Portugal sera en droit de prohiber, de nouveau, les draps de laine et les autres étoffes de laine de la Grande-Bretagne ».

On voit facilement pourquoi, dans ce traité, l'Angleterre a tant favorisé l'entrée des vins portugais chez elle. Ce n'étoit assurément pas par bienveillance, ni en reconnoissance du profit qu'elle trouvoit dans l'exportation de ses laines en Portugal, mais l'Angleterre tiroit alors de France une quantité de vins bien plus considérable qu'elle n'en tire aujourd'hui (1); d'où il résultoit une balance désavantageuse dans le commerce des Anglais. D'ailleurs, à cette époque, les vins portugais ne se vendoient pas la moitié de ce qu'ils se vendent actuellement : les Anglais les payoient avec des denrées dont le

(1) Remarquez que l'auteur écrivoit en 1778. On ne sauroit douter que, depuis cette époque, l'exportation de nos vins en Angleterre, n'ait augmenté; ce qu'on doit attribuer, sur-tout, à notre dernier traité de commerce avec cette puissance; traité contre lequel il y a peut-être de grandes objections à faire, mais auquel on ne peut du moins, sans injustice, contester cet avantage. ( *B.* )

Portugal ne peut se passer, tandis qu'il ne pouvoient solder nos vins qu'avec du numéraire, parce que le progrès de nos manufactures de draps nous dispensoit d'être, pour nos besoins dans ce genre, les tributaires de l'Angleterre. Ils gagnoient donc doublement à ce traité. Ils augmentoient les débouchés de leurs fabriques en Portugal, et diminuoient la consommation de nos vins. Les Portugais ont perdu, de toutes façons, à cet arrangement. Ne pouvant plus solder leur balance avec les produits de leurs propres fabriques, c'est avec leur or seulement qu'ils ont payé ce qu'ils étoient obligés de recevoir de celles d'Angleterre. De là leur appauvrissement successif, et leur asservissement à la cour de Londres. Avant la catastrophe du tremblement de terre, les Anglais enlevoient annuellement au Portugal trente millions de livres tournois en espèces; et ce royaume se trouvoit tellement épuisé, qu'en 1752 et 1754, il ne lui restoit pas plus de quinze millions de numéraire (1).

(1) Cette assertion paroit bien difficile à croire. M. du Châtelet auroit dû l'étayer de quelques preuves. Il est certain que, du moins à présent, le numéraire du Portugal n'est plus aussi modique. (*B.*)

Il ne faut cependant pas croire que le Portugal dépende absolument et irrévocablement de l'Angleterre, relativement à son commerce ; il suffiroit à son gouvernement d'une volonté bien ferme pour secouer ce joug à-la-fois oppressif et ruineux.

M. de Pombal en étoit bien convaincu : et il a fait plusieurs tentatives heureuses pour ébaucher du moins l'affranchissement de son pays.

Il a toujours considéré l'Angleterre comme la plus mortelle ennemie du Portugal ; aussi les Anglais ne l'aimoient-ils pas : il leur avoit porté un préjudice considérable, en abolissant toutes les anciennes compagnies, en rendant au commerce libre toutes les branches qu'elles régissoient, et en confiant au contraire à des compagnies toutes celles qui n'étoient pas régies.

Aucune mesure ne fut plus fâcheuse pour les Anglais, que celle que prit M. de Pombal, en 1766, lorsqu'il encouragea l'importation de nos bleds, en Portugal, au moment où M. de Choiseul fit rendre une ordonnance pour favoriser leur extraction ; mais cet avantage qui étoit réciproque pour les deux nations, ne fut que passager. Plusieurs causes le firent disparoître. M. de Pombal voyant ses projets déjoués par la France, et n'en recevant plus de bleds, recourut, pour ne plus être à la merci des Anglais, à un expédient violent, bien conforme à son caractère; ce fut de faire arracher une grande partie des vignes, et de faire remplacer cette culture par celle du bled. Chez une nation moins paresseuse, ce moyen auroit réussi complétement. M. de Pombal cependant ne se laissa pas décourager par les premiers obstacles. Son projet excita des plaintes et des murmures. On accusa ce ministre de malversation; on prétendit qu'il faisoit arracher les vignes pour qu'il pût vendre son vin plus cher. Il fallut cependant obéir. Les terrains où la vigne avoit été proscrite, furent changés en champs de bled; mais non sans beaucoup de difficultés. Les propriétaires résistèrent; les prisons se remplirent; et Pombal eût un commencement de succès. Toutes les campagnes de *Santaren*, dont l'étendue peut être de huit lieues, furent semées en bled. Le marquis de Pombal ne tarda cependant pas à se convaincre de l'impuissance de ses efforts pour faire fleurir l'art précieux, mais pénible, de l'agriculture chez un peuple essentiellement fainéant. Il renonça à son projet ; mais recourut à un autre moyen d'attaquer les Anglais.

Il établit, à grands frais, des manufactures de soie, de draps, de cuirs, de savonnerie, de chapeaux et de verres. Il fit alors des ordonnances sévères pour empêcher toute importation d'étoffes étrangères, et punit sans pitié tous ceux qui contrevenoient à ces ordonnances ; mais l'imperfection des manufactures, la cherté de la main-d'œuvre, et sur-tout la lenteur des ouvriers, firent toujours donner la préférence aux marchandises anglaises et françaises. Actuellement, en dépit des ordonnances, les fabriques étrangères ont un grand débouché en Portugal. Le marquis de Pombal ne se rebuta cependant pas; il n'épargna rien pour ranimer le commerce de sa nation. Plus il faisoit de tentatives, plus il trouvoit d'entraves, d'autant plus fâcheuses qu'il en résultoit pour lui des désagremens personnels. Il a voulu essayer d'attirer à Lisbonne, par plusieurs traités de commerce, les nations du Nord, telles que le Danemarck, la Suede, la Russie ; mais comme les Portugais ne remontent jamais vers les mers du nord, ces relations mercantiles sont restées sans activité, et à-peu-près sans avantage;

parce qu'ils n'ont pas su aller jouir eux-mêmes dans les ports du nord, des avantages que les étrangers trouvoient dans les leurs.

Aussi leur commerce est-il, par le fait, encore très-peu considérable en Europe. Il faudroit, pour le raviver, une succession de ministres comme M. de Pombal. On pourroit voir alors les Portugais produire, dans le commerce, une révolution aussi considérable que celle que produisirent autrefois leurs vastes découvertes dans le nouveau Monde; mais avant tout, il faudroit attirer dans leurs ports toutes les nations commerçantes, et exciter entre elles une utile concurrence; il faudroit renoncer, au moins pour plusieurs années, à une partie des droits d'entrée et de sortie. Il faudroit guérir son gouvernement du préjugé qu'on peut impunément grever d'impositions l'agriculture, l'industrie et le commerce. La religion mal entendue est aussi, pour les Portugais, un obstacle à leurs progrès dans tous les arts qui exigent une application soutenue. Or, on voit en Portugal, à Lisbonne sur-tout, les ouvriers quitter leurs ateliers et leurs travaux, pour aller errer dans toute la ville, un cierge d'une main et un chapelet de l'autre, et s'agenouiller devant quelque madone ou quelqu'autre image de saints. Qu'on joigne, à ces fréquentes et ridicules diversions, les processions multipliées, et toutes ces pieuses pratiques si favorables à la paresse, et l'on concevra combien peu le peuple portugais doit avoir le goût et l'habitude du travail, et ce qu'on peut attendre de ses progrès dans les arts et le commerce. Ce n'est pas qu'à beaucoup près il manque d'aptitude pour les diverses branches d'industrie; il a de la vivacité, de l'intelligence, de la constance; il soutient bien la fatigue : mais toutes ces heureuses dispositions avortent sous l'influence funeste de l'ignorance et de la superstition, et sous la domination des prêtres. Ceux-ci sentent si bien que leur empire tient à l'absence des lumières, qu'ils enlèvent au peuple tous les moyens d'instruction, même les plus innocens; ils déclament contre les étrangers, auxquels ils se reconnoissent inférieurs en science, et puisent toujours dans leur religion défigurée les armes qu'ils emploient contre eux; et cependant c'est en grande partie aux étrangers que le Portugal pourroit devoir sa régénération. Beaucoup y ont été attirés par l'appât du gain. Plusieurs ont été d'abord accueillis par le gouvernement qui les a employés au perfectionnement de certains arts, à l'établissement de quelques manufactures. Mais en général il a lui-même de grandes préventions contre ces artistes étrangers; et dès qu'il ne croit plus en avoir besoin, non-seulement il leur retire les priviléges qu'il leur avoit accordés, mais encore il les livre à la persécution, il les ruine et souvent les chasse du royaume (1). Et cependant, de long-temps les Portugais ne pourront se passer des étrangers. Comment participeront-ils aux autres découvertes que des peuples plus instruits, plus adroits et plus entreprenans qu'eux, pourront faire? eux, qui ne voyagent jamais. Le marquis

(1) Pendant les différentes tournées que j'ai faites en Portugal, je me suis, sur-tout, occupé à visiter les lieux où se trouvoient quelques manufactures; et dans beaucoup de ces endroits, tels que *Alcobas* et autres, où sont des fabriques de toiles, de soieries, de chapeaux, j'ai remarqué qu'elles étoient établies ou au moins dirigées par des Français ou d'autres étrangers, qui à tout moment craignoient de perdre leur place. Ils m'ont dit qu'une fois que les manufactures étoient établies, on renvoyoit les étrangers sans leur donner aucune récompense, malgré la promesse formelle qu'on leur avoit faite de reconnoître leurs services. (*Note de l'Auteur.*)

de Pombal, lui-même, avec tout son génie, libre de préjugés, n'étoit pas exempt de cette prévention contre les étrangers. Il désiroit étendre le commerce de son pays avec les autres nations de l'Europe; mais il se trompa sur les moyens. Comment pouvoit-il espérer que la marine nationale, dans son état de délâbrement, suffît à toutes les opérations navales et mercantiles des Portugais. Qu'est-il arrivé de ce régime exclusif? C'est que les Anglais prêtèrent des vaisseaux marchands aux Portugais, et devinrent leurs facteurs; peu à peu les branches les plus essentielles du commerce passèrent par les mains des Anglais, qui finirent par commercer pour leur propre compte.

Telles sont les principales causes qui ont réduit presque à rien le commerce actif du Portugal avec le reste de l'Europe. Des plans mieux combinés eussent pu le rendre très-florissant à l'avantage des Portugais eux-mêmes, et des autres nations commerçantes, et au détriment de la seule Angleterre.

## ART. II.

### *Commerce avec l'Asie.*

LES mêmes vices qui tiennent le commerce

du Portugal avec l'Europe dans un état de langueur, influent sur celui de cette nation avec l'Asie. Etabli sur de meilleurs principes, secondé par une nation marchande, protégé par une marine militaire, il pourroit être fort étendu. Mais dans les circonstances où se trouve le Portugal, à peine expédie-t-il deux vaisseaux par an, pour l'Asie, c'est-à-dire, pour les deux villes de *Goa* et de *Diu*. Leur cargaison peut monter à 5 ou 6 millions de livres. Comme toutes celles qu'on envoie d'Europe dans les Indes Orientales, elles consistent, pour la majeure partie, en argent.

*Goa* et *Diu*, ainsi que nous l'avons dit, sont les seules places considérables qui restent aux Portugais, de leurs grandes conquêtes dans les Indes Orientales. Ces deux villes, situées dans l'empire du Mogol, sont très-bien fortifiées, et leur situation les rend imprenables et très-favorables pour le commerce. Sur la même côte de *Malabar*, les Portugais ont Daman, et quelques autres petites places; et sur les côtes de la Chine, Macao. Il en faudroit moins à une nation active et industrieuse pour faire un commerce très-profitable.

On sait que *Goa* étoit autrefois la première

place, le marché le plus considérable de toutes les Indes Orientales; mais les Anglais, et sur-tout les Hollandais, ont causé la décadence du commerce portugais dans cette partie de l'univers. Elle a été portée au point que l'on prétend que les comptoirs de Goa n'emploient pas plus de six cent mille francs à tout leur commerce dans l'Inde. Avec des fonds aussi modiques et si peu d'activité, les Portugais peuvent-ils compter sur des progrès dans cette branche de leur industrie? Ne doivent-ils pas même s'attendre à s'en voir totalement privés ?

## ART. III.

### *Commerce avec l'Afrique.*

Les premiers essais des Portugais, dans la navigation, furent suivis des entreprises les plus hardies. En moins d'un siècle ils découvrirent, dans les trois parties du monde, des pays alors inconnus au reste de l'Europe; savoir, les côtes d'Afrique, en 1420 (1); les Indes Orientales, en 1487; et le Brésil en

(1) Les Français disputent aux Portugais la gloire de cette découverte; ils prétendent avoir débarqué les premiers sur les côtes d'Afrique. (*B*).

1511. Ils y formèrent des établissemens considérables. Ce fut l'infant D. Henry, fils de Jean Ier. qui, après avoir pris Ceuta, fit naître le goût des découvertes. Il régloit sa navigation sur le cours des astres et sur la boussole qui commençoit déjà à se perfectionner. On peut regarder ce jeune prince comme le premier fondateur de ce vaste empire que les Portugais établirent dans ces trois parties du monde. Sous sa conduite et par son encouragement on découvrit, sous le règne de son père et d'Alphonse V, toutes les côtes occidentales de l'Afrique. Les Portugais doublèrent le cap de Bonne-Espérance, et en reconnurent les côtes orientales, où ils établirent des comptoirs qu'ils conservent encore aujourd'hui. Le commerce y est très-riche, et passe pour rapporter cent pour cent de profit.

L'île *Madère*, qui est une des premières découvertes des Portugais, est très-fertile en excellens vins de Malvoisie et en cannes de sucre. Les Anglais seuls tirent de cette île près de 20,000 pipes de vin par an, pour leur consommation; les fruits y sont excellens et en abondance. Les habitans échangent les marchandises et les approvisionnemens d'Europe contre leurs vins, leur miel et leur cire, leurs oranges, citrons, limons, grenades, leurs cuirs et leur *sang de dragon*, espèce de gomme qui abonde dans cette île. Les Anglais ont cherché à s'emparer de ce commerce, en s'établissant peu-à-peu à *Madère*; il y ont des comptoirs comme dans leurs propres colonies.

Les îles du Cap-Verd, si propres à toutes sortes de cultures, eussent été aussi très-productives pour les Portugais, s'ils eussent su en tirer parti. On y prenoit autrefois des esclaves, du coton en laine, du riz, des dents d'éléphans, de l'ambre gris, de la civette, du salpêtre, des éponges et des pierres-ponce. Si l'on cultivoit *Bonavista*, l'une de ces îles, on y recueilleroit abondamment du coton et de l'indigo; mais l'agriculture n'y est point en vigueur. Les Anglais se sont emparés de la meilleure branche de commerce que présentent ces îles; c'est celle des sels, qu'ils vont prendre à l'île de *Maï*, et dont ils font des exportations considérables. Ils se sont aussi rendus maîtres de la rivière du *Sénégal*, et ont ainsi troublé les Portugais dans les établissemens qu'ils avoient jusqu'au royaume de *Galain*. Ils y prenoient de la poudre d'or pour les nègres du pays.

Avec plus d'activité et d'intelligence, les Portugais auroient pu s'étendre jusqu'au royaume de *Tombut*, et en retirer un avantage considérable. Toutes les marchandises qu'on trouve dans cette partie du *Sénégal*, ou sont des productions du pays, ou y arrivent par l'entremise des Maures, qui les apportent, par caravannes, de Tripoli ou de Tunis. Ces marchandises sont, à *Tombut* ainsi qu'à *Galain*, des draps et serges de diverses couleurs; des miroirs, des cristaux; des couleurs, particulièrement du rouge; du corail, travaillé de différentes manières; des vases de cuivre, du papier, des sels et des instrumens de fer. Les productions du pays même, sont d'excellentes dattes, du séné, des plumes d'autruche, de l'or et des esclaves. Quoique par lui-même, le *Tombut* soit assez riche en or, les habitans de l'intérieur de l'Afrique y en apportent et en trafiquent dans le pays à bas prix. Les Portugais ont, en outre, des établissemens qui leur sont d'un grand rapport, tels que *Cacheo*, *Bintam*, *Bissar* et plusieurs autres. Ils y commercent soit directement, soit par des commissionnaires. *Cacheo* est un des meilleurs établissemens européens, sur la côte d'Afrique. Son commerce consiste en cire, en esclaves et en ivoire. Les Portugais ont encore des établissemens dans le royaume de *Ghinala*, situé au sud du *Sénégal*.

La gomme, qu'on nomme *arabique*, parce qu'en effet elle venoit du Levant, est la même que celle qu'on reçoit du Sénégal; celle-ci, du moins, est tout aussi bonne: en la prenant sur le lieu même, on l'obtient à meilleur marché, et par conséquent elle est préférée. Il s'en fait une exportation considérable; mais cette marchandise, qui se donne à très-bas prix en Afrique, devient exorbitamment chère en Europe, par la grande consommation qu'en font toutes sortes de manufactures, particulièrement celles de laine et de soie. Une des plus fortes preuves de l'inconséquence du gouvernement et de la politique des Portugais, est ce qui se passe sur les côtes de cette partie de l'Afrique. Le sel est un des articles les plus importans du commerce qui se fait sur la rivière de *Gambra*, située au sud du Cap-Verd. Croira-t-on que les Portugais ont la simplicité de le laisser fournir par les Anglais, qui vont le prendre dans une posses-

sion

sion portugaise, l'île du Maï, sans qu'il leur en coûte autre chose, que la peine d'échanger cette denrée et de payer quelques petits droits d'ancrage. Pour s'emparer eux-mêmes de cette branche importante du commerce, il ne leur faudroit que de légers efforts; mais ces efforts coûteroient trop à leur nonchalance. Les importations de *Gambra* consistent en esclaves, en or, en ivoire, en cire et en laine.

Les Portugais ont aussi des établissemens superbes dans le royaume de *Congo*, et sur la côte d'*Angola*, pour la traite des noirs. Ce pays est on ne peut pas plus riche. *Loanda*, jolie ville, située sur les côtes d'*Angola*, est la capitale des possessions portugaises. Comme toutes les nations ont la liberté d'y commercer, la traite des nègres, qui s'y fait annuellement, s'élève au-delà de 60 mille esclaves par an. Les Portugais y ayant les plus beaux établissemens, y trafiquent avec beaucoup plus de profit, et sont exposés à beaucoup moins de pertes.

*Loanda*, ce pays si riche, est plutôt un domaine du Portugal et une de ses colonies, qu'un simple établissement. Les Portugais reçoivent des tributs considérables des différens pays qu'ils ont soumis dans l'intérieur de cette contrée. Le roi de Portugal tire tous les ans de ce royaume d'*Angola*, un assez gros revenu, provenant, tant de ces différens tributs, que des droits imposés sur les marchandises et sur les esclaves qui s'y vendent.

L'établissement que les Portugais ont dans l'île de *Saint-Thomas*, est encore très-avantageux par la quantité de sucre et de gingembre qu'ils y recueillent, et qui leur revient, à Lisbonne, à un prix très-modique. Les îles du prince d'*Annobon* et de l'*Ascension* leur appartiennent aussi. Celle d'*Annobon* a quelques colons qui font un commerce assez étendu; ces îles pourroient, en général, être d'un très-grand prix. Leur voisinage de l'équateur y entretient une chaleur excessive, très-mal-saine pour les habitans, mais extrêmement favorable à la culture; ce qui est vrai, sur-tout de celle de Saint-Thomas, située précisément sous la ligne. On y trouve, pendant toute l'année, des raisins mûrs; les cannes de sucre y mûrissent si vîte, qu'on a beaucoup de peine à bien purifier le sucre qu'on en exprime, et par conséquent à le blanchir; mais on est dédommagé de cet inconvénient, par l'abondance extrême des récoltes.

Lorsque j'ai parlé des Indes Orientales, je n'ai point confondu leur commerce avec celui des côtes orientales de l'Afrique : article qui appartient proprement à cette partie du monde, quoiqu'il y ait entr'elle et les Grandes-Indes, une correspondance très-suivie. Les Portugais ont des établissemens considérables dans cette partie de l'univers ; c'est à eux qu'on doit la découverte du *Monomotapa*, sous *Emmanuel* I . (1). Ils sont les seuls aujourd'hui qui aient des possessions dans cet empire, divisé en plusieurs royaumes. Les Portugais en ont retiré une grande quantité d'or. Ils étendent leurs établissemens dans les terres, jusqu'à *Massapa*. Toute la côte de *Sofala*, comprise entre les rivières de *Zambeze* et de *Magnira*, leur appartient. Ils vont y prendre de l'or, de l'ivoire, de l'ambre et des esclaves. Le royaume de *Melinde*, situé sur la même côte orientale d'Afrique, un peu au-dessous de la ligne, est le pays le plus rapproché de la mer Rouge, où les Européens puissent

(1) Ce royaume d'Afrique fut découvert en 1498, par *Vasco de Gama*. (*Note de l'Auteur.*)

aborder. Les côtes de ce royaume sont presqu'entièrement sous la domination des Portugais ; et leurs établissemens y sont aussi riches que ceux de *Sofala* et de *Mozambique*. En général, toute cette côte orientale d'Afrique leur est d'un très-grand avantage relativement à leurs possessions dans l'Inde. Ces différens établissemens offrent des mouillages aux bâtimens, qui, d'ailleurs, vont y compléter leurs cargaisons, soit qu'ils viennent d'Europe, soit qu'ils y retournent.

## ART. IV.

### *Commerce avec l'Amérique Méridionale.*

C'est en Amérique méridionale que sont les possessions les plus précieuses des Portugais. Leurs établissemens dans cette partie du monde pourroient seuls enrichir toute l'Europe par l'étendue du commerce qui s'y fait, et rendre le Portugal le plus opulent de tous les états. C'est à un portugais, Alvarès Cabral, qu'on doit la découverte du Brésil : il conduisoit une escadre vers le cap de Bonne-Espérance pour se rendre aux Indes ; il descendit un peu trop pour chercher les vents ; la tempête le surprit et le jeta sur les côtes du Brésil le 24 avril 1500. Il trouva un très-bon port qu'il nomma *Porto-Seguro*, et donna le nom de *Santa-Cruz* au continent, qui depuis fut appellé *Brésil*, du nom d'un bois (1) qui y croît.

On ne fit d'abord aucune attention particulière à cette découverte. Le gouvernement, s'étant assuré qu'il n'y avoit ni mines ni productions territoriales, n'envoyoit dans ce pays que des criminels, des hommes qu'on vouloit éloigner, et des prostituées. Comme la colonie augmentoit beaucoup par ces nombreuses déportations, la nécessité de vivre rendit les colons industrieux : ils s'adonnèrent d'abord à l'agriculture : la co-

(1) Cet arbre est de la hauteur de nos chênes ; il est chargé de branches. Il croît dans les rochers et les terrains arides. Il est, en général, d'une vilaine apparence, mais très-utile pour la teinture. Les fleurs de cet arbre, qui sont à-peu-près de la forme de celles du muguet, sont d'un très-beau rouge ; son écorce est d'une épaisseur considérable, et sa feuille ressemble assez à celle du buis. On reconnoît la bonté de ce bois à sa pesanteur ; plus il est dense, plus il est propre à la teinture. On en tire une espèce de carmin et du laque liquide, dont on se sert dans les miniatures. (*Note de l'Auteur.*)

lonie s'organisa successivement ; on forma pour elle un premier plan d'administration en 1549, et on en confia l'exécution à *D. Thomas de Sousa*. Les succès couronnèrent les soins du gouvernement : on établit des comptoirs le long de cette côte, depuis la rivière des *Amazones* jusqu'à celle de la *Plata*. Les productions du pays, les bois, devinrent des objets précieux d'exportation pour le commerce de l'Europe : ces marchandises vinrent d'abord aboutir toutes à Lisbonne; mais bientôt les Hollandais envièrent cette branche naissante; ils menèrent une flotte au Brésil, troublèrent les Portugais dans leurs possessions, les en chassèrent; et les productions de cette vaste contrée, dont on ne connoissoit pas encore toute la richesse, au lieu d'être apportées à Lisbonne, furent conduites en Hollande. Les Portugais cependant, ayant secoué le joug des Espagnols, renvoyèrent les Hollandais; et, en 1654, il n'en existoit plus au Brésil : tous furent obligés d'en sortir, en vertu d'une trève signée cette même année. Les Hollandais, forcés d'abandonner le Brésil, portèrent leur ambition vers les Indes Orientales, dans le dessein d'y nuire aux Portugais; ils y parvinrent, et s'emparèrent de leurs possessions situées dans l'île de *Ceylan*.

L'Espagne, dont les possessions dans l'Amérique méridionale, étoient contiguës à celles des Portugais, les inquiéta aussi; mais les Portugais se maintinrent dans leurs établissemens. De fréquentes querelles divisèrent ces deux nations; et, malgré les limites qu'elles paroissent avoir définitivement réglées par les traités qu'elles viennent de conclure, (1) elles trouveront encore, dans le voisinage de leurs colonies de l'Amérique méridionale, une source intarissable de disputes.

La flotte qui part tous les ans du Portugal pour le Brésil, va aboutir à la baie de tous les Saints; son chargement est composé de farines, d'eau-de-vie, d'huile, de bayettes d'Angleterre, de chapeaux, de bas de soie, de toiles de différentes sortes, de fil, de soie, d'étoffes, de papiers et de sel. Les bâtimens qui vont mouiller dans cette baie sont de 500 tonneaux; mais ceux qui doivent entrer dans la baie de Fernambouc, ne peuvent être que de 250. Les retours du Brésil

(1) L'un, à St.-Ildephonse, le premier octobre 1777; l'autre, au Pardo, le 24 mars 1778. (*B*).

sont en sucre, en indigo, en coton, en cuirs, en bois, en baume de capahu, en huile, en fanons de baleine, en vanille, en cacao, en café, en salscpareille, etc. etc.

Malgré tous ces avantages, et les moyens de posséder la branche du commerce la plus brillante de l'univers, le Portugais nonchalant, étoit loin de tirer de ces établissemens tout le profit dont ils étoient susceptibles; la faute en étoit en grande partie au gouvernement; il auroit pu donner à ce commerce une extrême activité, en le rendant libre: alors les négocians auroient spéculé à leur volonté, l'émulation les auroit animés, les chantiers se seroient couverts d'ouvriers; l'industrie, la marine marchande, tout s'en seroit ressenti: tout a dû languir, au contraire, quand il a adopté la mesure d'expédier, ensemble et une seule fois tous les ans, sous l'escorte de trois ou quatre vaisseaux de guerre, un grand nombre de navires qui emploient une année entière à leur voyage.

Cependant la découverte que fit le Portugal des mines d'argent, d'or et de diamans, vers la fin du siècle dernier (1), devint pour

(1) Cette découverte se fit assez singulièrement. Les Portugais, se promenant dans l'intérieur du pays,

ce royaume une source abondante de richesses : dès les premiers temps il en retira annuellement plus de quarante-cinq millions de livres tournois. Ce commerce est favorisé à plusieurs égards : au Brésil même on ne paie aucun droit d'entrée ni de sortie ; mais les retours, soit en or, soit en argent, paient, en Portugal, trente pour cent ; les marchandises expédiées du Portugal pour le Brésil en paient cinq ; et celles qui viennent de l'étranger, trois seulement. Les frais d'expédition et le droit de commission s'élèvent à six pour cent ; et ceux des retours, à quatre. On assure que les marchandises que le Portugal prend en Europe pour approvisionner ses colonies, lui rapportent (1) plus de

s'apperçurent que les hameçons des lignes avec lesquelles pêchoient les Indiens, étoient d'or ; ils demandèrent d'où venoit ce métal. Les Indiens les conduisirent au bord d'une rivière, ramassèrent du sable et leur firent voir l'or qu'il contenoit. On jugea par-là des richesses que devoient renfermer les entrailles de la terre : et cette exploitation ne fut pas long-temps négligée. ( *Note de l'Auteur.* )

(1) C'est-à-dire, rapportent à ceux qui font ce commerce pour lui, dans ses ports, avec ses magasins, mais avec leurs fonds, à leur seul profit, et au détriment des Portugais. (*B.*)

cent pour cent, y compris les droits d'entrée et de sortie, le fret, les commissions, les frais de magasinage, etc.

Malgré tant d'avantages apparens, la possession du Brésil est plutôt pernicieuse que profitable pour le Portugal, parce qu'elle ne fait qu'encourager la fainéantise, et retarder les progrès de l'industrie; aussi un des projets qu'on a proposés à cette puissance, a été de fermer les mines du Brésil, d'arrêter l'introduction des espèces d'or et d'argent, et de ramener ainsi le peuple portugais aux vraies sources des richesses, l'agriculture et les fabriques. Mais ce moyen seroit insuffisant, et peut-être même désastreux, parce que la stagnation de l'industrie en Portugal, tient, non pas tant à l'abondance de numéraire, qu'aux vices de l'administration. L'expérience a donné sur cet objet une grande leçon dans le dernier siècle, et a prouvé que ce n'est pas par des mesures aussi violentes qu'on peut arracher tout-à-coup une nation à sa paresse et à son impéritie.

Vingt-quatre ans après la fameuse révolution qui plaça le duc de Bragance sur le trône, on prohiba l'entrée du tabac et des sucres du Brésil, et celle de toutes les étoffes de France : on prétendoit ranimer ainsi l'industrie nationale, et encourager les manufactures portugaises; mais ces manufactures ne purent suffire au royaume; celles d'Angleterre vinrent à leur aide, et finirent par les anéantir. Long-temps les Anglais sont restés en possession d'approvisionner le Portugal de presque tous les objets d'agrément, d'utilité et même de nécessité. On a calculé, d'après les relevés des douanes, qu'en étoffes de laine et en quincaillerie, il leur paie annuellement un tribut de 190 mille livres sterlings (plus de deux millions et demi de livres tournois); somme qui ne balance pas, à beaucoup près, ce qu'ils retirent du Portugal en vins, huiles, fruits et sel (1). Ajoutez à ce commerce direct et légal tout le profit de la contrebande scandaleuse qu'ils font par la voie de leurs paquebots, dont le privilége est de n'être pas visités (2).

Il fut un temps où le Portugal recevoit des Anglais presque tous les grains nécessaires à sa consommation, et même les vê-

(1) Nous verrons que ce n'est pas l'opinion d'un anglais (Murphy), qui vient de donner (en 1798) un second volume sur l'*Etat présent du Portugal*. (*B.*)

(2) Ils le sont à présent. (*B.*)

temens. Il n'y a pas plus de six ans qu'il arrivoit encore à Lisbonne des cargaisons complètes de souliers anglais. Le marquis de Pombal, dès le commencement de son ministère, s'occupa d'affranchir son pays de cet asservissement ruineux : on peut dire qu'il a même fait dans ce genre des choses impossibles à tout autre; mais il n'a pas gouverné assez long-temps pour consommer son ouvrage.

Au reste, nul écrit ne peut donner une idée plus complète de l'état du commerce en Portugal, des causes de sa décadence, des moyens de lui rendre sa splendeur, que l'immortel ouvrage de l'abbé Raynal. Nous n'ajouterons que quelques traits au tableau qu'il a tracé.

Il dépend en grande partie du gouvernement de remédier aux abus qui laissent encore l'industrie et le commerce du Portugal dans une honteuse stagnation. L'empire des prêtres, l'institution exécrable de l'inquisition, qui consolide et perpétue la durée de cet empire, sont sans doute les principales causes de la langueur universelle dont toutes les branches du gouvernement sont atteintes. De là, la profonde ignorance dans laquelle le peuple croupit; de là, ces pratiques superstitieuses, ces processions multipliées, ces pélérinages lointains, qui arrachent l'artisan à son atelier, l'agriculteur à sa charrue (1); de là, ces aumônes publiques qui soudoient la fainéantise; de là, ces aumônes particulières qui enlèvent au pauvre peuple jusqu'à son nécessaire, et lui font négliger des travaux utiles, l'entretien et l'éducation de sa famille, pour lui faire conquérir le ciel par une charité mal-entendue. Tant que le gouvernement ne tiendra pas courageusement à la résolution de couper tous ces abus par la racine, tant qu'au contraire il les encouragera par l'exemple d'une aveugle déférence aux vrais auteurs de la misère de sa nation, on ne doit pas espérer qu'elle sorte de l'espèce d'abrutissement dans laquelle elle est plongée. Mais jusqu'ici il a été sourd à ces sages avis; trop heureux encore ceux qui les lui donnent, s'ils n'encourent pas son ressentiment, et s'ils ne deviennent pas les

(1) Il se trouve quelquefois, parmi les Portugais les moins instruits, des malheureux qui font sur cette perte de temps des réflexions bien sages. J'ai entendu un ouvrier chargé de famille, s'écrier, en levant les yeux au ciel : « Huit fêtes en quinze jours ! Grand dieu ! » avez-vous pu l'ordonner ? » ( *Note de l'Auteur.*)

victimes de ces tyrans sacrés qu'ils essaient de démasquer et de détrôner.

Mais si ce sont là les principales causes de la misère du Portugal, ce ne sont pas les seules : la fréquence des guerres, auxquelles il se laisse entraîner pour défendre ses possessions éloignées ou pour obéir aux caprices d'un puissant allié, est encore un obstacle à sa régénération.

Nous y ajouterons ces compagnies exclusives et privilégiées, que le gouvernement autorise par une avidité mal-entendue; les profits en sont, en apparence, réservés pour le roi; mais c'est aux dépens de la tranquillité de son peuple qu'il les acquiert. Ces compagnies, pour faire valoir leurs droits et les augmenter, pour prévenir les fraudes, établissent des régies dont les frais absorbent presque tous les revenus, et dont les agens, cupides et cruels, oppriment et ruinent tous ceux qui paroissent vouloir tromper leur vigilance. Les branches de commerce auxquelles sont adaptées ces compagnies languissent faute de concurrence, et les marchandises s'élèvent à des prix exorbitans; nouvelle source de misère pour le pauvre peuple.

Ce n'est pas tout : le fisc a cru devoir charger ces marchandises de gros droits à leur exportation ; il en est résulté un renchérissement dans leur prix, une source de nouvelles vexations par l'établissement des douanes et des péages, une diminution dans les consommations, une stagnation dans les travaux.

Les artisans ont été aussi frappés directement par les mesures fiscales : on s'est avisé de taxer leur industrie ; on a défendu de travailler, sans payer une certaine somme. Défendre de travailler ! La nature a-t-elle donné à un gouvernement le pouvoir d'empêcher le peuple de travailler ? Un roi peut-il jusque-là étendre ses droits ? (1) Les artisans furent donc obligés de payer à l'état des impôts pour obtenir la permission d'exercer leurs talens ; par conséquent ceux qui avoient de l'industrie, mais point d'argent, moururent de faim. Qu'arriva-t-il ? Les manufactures devinrent moins nombreuses ; la main-d'œuvre renchérit ; les consommations

(1) Voilà un court élan de philosophie, assez extraordinaire dans un duc, dans un courtisan. J'ai conservé les véritables expressions de l'auteur ; ce qui ne m'est pas arrivé souvent. (B).

diminuèrent, et par conséquent aussi les reproductions.

Les gens de la campagne eux-mêmes n'ont pas été à l'abri de ces calculs de l'inepte avidité. Il n'y a que peu d'années qu'on disoit encore : « Tel paysan est dans l'ai- » sance, augmentons ses impositions ». Ce malheureux, qui paie à l'état des taxes exorbitantes, à raison du nombre de ses charrues, se garde bien de les augmenter; il aime mieux laisser une partie de son terrain en friche, que de courir le risque de se ruiner par les basards des premières récoltes, par le surcroît des taxes qu'on lui imposeroit, à raison des charrues nouvelles qu'il seroit obligé d'employer pour les défrichemens. Ainsi l'agriculture languit; ainsi une nation se trouve à la merci des étrangers pour sa subsistance. Or, les étrangers qui nourrissent une nation, en viennent tôt ou tard à l'asservir. L'Angleterre et le Portugal ont offert une preuve de cette vérité : mais l'exploitation des métaux précieux est-elle aussi une des causes de la misère des Portugais? Cette question a été long-temps débattue, et sa solution n'est pas facile.

On doit convenir d'abord que lors de la découverte

découverte des mines d'or, d'argent, de diamans, etc. les propriétaires, les entrepreneurs, les ouvriers, enfin tous ceux qui étoient employés à leur exploitation, s'y enrichirent. Comme l'argent arrivoit avec facilité, il disparoissoit de même. Il devenoit l'objet de l'attention générale. On ne songea plus qu'aux moyens d'en augmenter la masse; et le luxe fit des progrès effrayans. Les nouveaux enrichis firent participer les marchands et les artisans à leur opulence. Ceux-ci, à leur tour, augmentèrent leurs consommations, se créèrent de nouveaux besoins. Il leur fallut hausser le prix de leurs travaux; en sorte que cette affluence de numéraire, d'abord éblouissante, d'abord prise pour le signal d'une aisance universelle, ne tarda pas d'avoir de fâcheux résultats. Toutes les denrées, toutes les productions du sol et des fabriques, ayant renchéri dans le pays, les nationaux allèrent s'en approvisionner ailleurs à meilleur marché. Dès lors les agriculteurs se découragèrent, les manufactures languirent, les magasins se fermèrent, et les espèces s'écoulèrent vers les pays étrangers. Les laboureurs n'arrachoient plus à la terre que ce qui étoit nécessaire pour leur subsistance et celle de leur famille. Les négocians, ruinés par le luxe, ne pouvoient plus r'ouvrir leurs comptoirs. Vingt ans s'étoient écoulés sans qu'il s'en formât de nouveaux. Les ouvriers, sans travail dans leur pays, avoient porté leur industrie au dehors. Tel est l'état dans lequel M. de Pombal trouva le Portugal; et comme les vices radicaux du gouvernement n'avoient pu être extirpés même par sa main vigoureuse, tel est à-peu-près encore l'état dans lequel il l'a laissé.

Enfin il doit son appauvrissement actuel à une dernière cause. Pour faire face aux frais de ses guerres et à d'autres dépenses, il a été obligé de recourir à des emprunts; et comme des capitaux disponibles ne se trouvent pas dans un pays ruiné et sans industrie, il fallut les chercher dans les pays étrangers, et leur payer dix, quinze, et jusqu'à vingt pour cent d'intérêt. Cette surcharge pour le trésor royal a nécessité une augmentation dans les impôts. On a éteint successivement une partie de ces dettes ruineuses; mais les impôts sont restés.

On voit par ce résumé combien d'obstacles s'opposent encore à la prospérité du Portugal. Pour les franchir, il faudroit à son gouvernement une vigueur plus qu'ordinaire ; et il est foible. Il lui faudroit des lumières ; et ceux qui l'entourent et le dominent, ont grand soin de les écarter de lui.

Pour compléter ce que nous avons dit du commerce portugais, nous allons consigner ici l'extrait d'un mémoire qui nous a été communiqué sur cet objet.

---

# EXTRAIT D'UN MÉMOIRE SUR LE COMMERCE DE PORTUGAL.

» Le commerce de Portugal avec les autres puissances, est à-peu-près le même que celui de l'Espagne, si l'on en excepte les perles, les diamans bruts et autres sortes de matières de jouaillerie. A l'égard des autres marchandises, les Hollandais en importent la plus grande partie. C'est le Brésil et les autres colonies portugaises de l'Amérique et des côtes d'Afrique qui consomment presque toutes les marchandises que les vaisseaux français, anglais, hollandais, transportent à Lisbonne.

» Les Français ont fait long-temps seuls presque tous les envois des étoffes de soie qui se vendoient en Portugal; et jusqu'en 1667, il n'y avoit guère que les marchands de Paris, de Lyon et de Tours, qui en fissent le commerce. Deux choses ont fait tomber ce négoce, d'un grand profit pour la France;

l'une, l'infidélité des commissionnaires français ; l'autre, l'établissement des manufactures de soie, à Lisbonne, et dans quelques autres villes du Portugal. Il est résulté de cette seconde cause, la destruction du commerce des Génois, des Florentins, des Vénitiens et autres Italiens, qui avoient profité de la décadence de celui des Français. Une troisième circonstance a nui à ce dernier: c'est la défense qu'on fit en France des sucres et du tabac du Brésil, venant du Portugal, pour favoriser le débit de ceux de la compagnie française des Indes d'Occident, établie en 1664; les Portugais ayant, par une espèce de représaille, interdit l'entrée des objets manufacturés en France. Il se fait cependant encore en Portugal, quelque négoce d'étoffes de soie de frabrique française, particulièrement des plus beaux brocards d'or et d'argent.

» Ce sont les Hollandais qui ont le plus profité de nos pertes, et de cette mésintelligence entre les deux nations, si unies depuis le secours que les Français avoient généreusement accordé lors de la révolution de Portugal.

» On envoie aussi de Portugal au Brésil,

des toiles de Bretagne, des droguets, des serges et des brocards de toute couleur, que la France fournit. Les marchands d'Angleterre font la plus grande partie du commerce en soie, taffetas et soieries qui viennent de l'Italie ; car, ces soieries sont celles dont le débit est le plus considérable, parce qu'elles conviennent à tout le monde. Les retours du Brésil sont en sucre, tabacs et cuirs.

» Tout le négoce du Brésil se fait par les vaisseaux portugais, et il n'est pas permis aux autres nations d'y envoyer leurs navires. Il y va cependant quelques *interlopes*, et assez souvent les Anglais ont part aux cargaisons qui se font pour cette colonie à *Lisbonne* et à *Porto* ; mais, sous le nom de marchands portugais, à-peu-près comme on en use pour le commerce de l'Amérique espagnole. Les étrangers, à ce qu'on croit, ne perdent pas beaucoup à cette interdiction de commerce avec le Brésil, non-seulement à cause de la longueur du voyage, qui dure ordinairement une année, mais encore pour le peu de fret que l'on paie pour les marchandises qu'on y envoie, fret sur lequel, d'ailleurs, le roi de Portugal, pour contribuer aux frais de l'escorte qu'il donne, lève un droit qui, l'un portant l'autre, va au quart de ce qui en revient au freteur. D'ailleurs, les armemens et les équipages des vaisseaux portugais, sont à beaucoup meilleur marché que ceux des étrangers, à cause de la sobriété de la nation, et du modique salaire qu'on donne aux matelots. Les marchandises que l'on envoie au Brésil, et qui sont prises en Portugal, paient les droits de sortie à raison de cinq pour cent; celles qui viennent de l'étranger n'en paient que trois; mais elles ont déjà payé les droits d'entrée sur le pied d'environ douze pour cent, terme moyen entre ceux qu'on exige des diverses marchandises, dont quelques-unes paient plus et d'autres moins; à quoi il faut ajouter le droit de commission qui est de six pour cent pour les marchandises qui vont au Brésil, et de quatre pour cent pour celles qui en viennent.

» Les Portugais font un assez bon négoce sur les côtes d'Afrique. Outre les noirs, dont ils ont besoin pour leurs colonies du Brésil, ou qu'ils transportent dans celles des autres nations, ils en tirent de la cire, de l'ivoire et de la poudre d'or. Cette fourniture de nègres passa aux Français pendant la guerre pour la succession d'Espagne; et à la paix d'Utrecht, aux Anglais.

» Le commerce que les Portugais entretiennent avec l'Espagne leur est très-avantageux, et il leur en revient une très-grande quantité d'argent en espèces, les Espagnols apportant en Portugal beaucoup moins de marchandises qu'ils n'en retirent. Celles que les Espagnols y introduisent, sont des moires, du taffetas, de l'indigo, de la cochenille et du mastic. Celles qu'ils en tirent sont des sucres et des tabacs. Les Hollandais, et surtout les Anglais, font un commerce très-considérable à *Porto* : celui des Français y est médiocre, quoiqu'il leur fût aisé de l'augmenter beaucoup. Il y vient, tout au plus, par an, huit ou dix vaisseaux de France, qui n'enlèvent guère les vins de Porto, que quand on en manque en France, les droits d'entrée dans le royaume étant très-considérables. En 1716, les sucres du Brésil valoient 13 ou 14 liv. l'*arroüe* ou *arrobe*, du poids de 32 livres de 14 onces : on les estime meilleurs et plus blancs que ceux de la Martinique; cependant on n'en charge que très-peu pour la France, parce qu'ils paient 20 ou 22 liv. par quintal de plus que ceux des îles françaises. Les huiles qu'on tire de *Porto* ne sont pas, pour la plupart, extrêmement fines, et ne sont bonnes que pour les manufactures. L'*almon* d'huile, pesant 40 livres, s'y vend 13 liv. Quoique les huiles d'Espagne soient encore de moindre qualité, les Français les préfèrent à celles-ci, et n'en tirent de Portugal qu'en petite quantité. Les vaisseaux français font ordinairement leur retour en liége, tabac, et particulièrement en sumac et en fruits.

» Les Français, s'ils se livroient au commerce de Porto, pourroient y débiter par année 25 à 30 mille quintaux de *bacalau* (morue); les cargaisons en millet de 5 à 6 bâtimens de 60 tonneaux; environ 4,00 quintaux de brai, sur-tout de celui qu'on exporte en pain; 3 à 4,000 quintaux de fer de Biscaye, et 3 à 4,000 barriques de goudron : ils y trouveroient, en général, un débouché pour toutes les marchandises de France, et particulièrement pour ses étoffes. Les productions de ses manufactures sont fort estimées à Porto, ainsi que dans le reste du Portugal; mais elles y sont trop chères; et les Anglais et les Hollandais donnent les leurs à meilleur marché; et pour cette raison, celles-ci, quoique moins en réputation que les françaises, nuiront toujours au commerce de ces dernières. »

Je crois devoir ajouter encore ici l'extrait d'une lettre qui me fut écrite de Porto, le 2 mai 1778, pendant que je visitois le Portugal : elle est d'un commerçant que j'avois consulté sur les relations commerciales du Portugal, sur-tout avec la France.

« Vous nous demandez, Monsieur, plusieurs éclaircissemens sur la situation de notre commerce avec la France ; nous allons vous satisfaire en peu de mots. — Quant à l'article des toiles blanches, il s'expédie pour ce royaume une assez grande quantité de batistes de St.-Quentin, ainsi que des *royales* et des *bretagnes*, moins pour ici cependant, que pour Lisbonne, qui en tire beaucoup pour l'usage du pays et pour le Brésil, quoique les toiles d'Allemagne soient préférées, ainsi que celles de Silésie, à cause de leur bas prix ; aussi le débit en est-il plus considérable ».

Les draps français, depuis les derniers traités, avoient été défendus ; mais on fraudoit à la douane, en y déclarant qu'ils étoient d'Hollande. C'est ainsi que les draps de France se sont introduits en Portugal pendant nombre d'années, et qu'ils avoient la préférence, pour la consommation, sur ceux d'Hollande et d'Angleterre, quant à ceux de la première qualité, et particulièrement ceux teints en noir; car, pour les draps ordinaires, personne ne peut les donner à plus bas prix que les Hollandais et les Anglais. La défense des draps de France fut occasionnée par un négociant de Lisbonne, intéressé dans une fabrique. Ayant reçu une partie de draps, il voulut qu'on les lui expédiât comme draps de France, quoique les officiers de la douane prétendissent qu'ils étoient des draps d'Hollande. Il résulta de ce mal-entendu une rixe et des plaintes : le ministre en ayant été informé, fit défendre sévèrement l'entrée des draps de France. Il n'y a que les droguets noirs ou en couleurs, de Rheims, et les étamines du Mans, qui sont, en Portugal, un article de consommation, aucune nation n'ayant pu parvenir à les imiter: aussi ont-ils la préférence sur d'autres étoffes communes des pays étrangers.

La morue est un objet de conséquence pour le Portugal, puisque une seule province (1)

(1) Celle d'Entre-Douro-y-Minho, dans laquelle est situé Porto. (*B.*)

en reçoit annuellement environ 60 mille quintaux, et qu'il s'en débite autant dans les ports de Viana, de Figueira et d'Aveyro, sans y comprendre Lisbonne, dont la consommation est très-grande pour les besoins de cette capitale et pour ceux du Brésil. Il en passe aussi une grande quantité aux îles portugaises : mais ce sont les Anglais qui l'envoiènt de Terre-Neuve, sans que les Français y portent une seule cargaison.

Il en étoit de même du riz qu'on recevoit de la Caroline, et qui étoit préféré à tout autre : mais dorénavant on s'en pourvoira dans les colonies du Brésil. On ne permet point en Portugal l'entrée des marchandises des Indes, attendu que la nation portugaise fait directement, dans cette partie du monde, un commerce qui, après avoir fourni à tous les besoins du pays, fait passer à l'étranger son superflu, c'est-à-dire, la majeure partie de ce qu'il reçoit. Il en est de même du sucre, qui nous vient de *Rio-Janeiro*, de *Fernambouc* et de *Paraïba*, et qui s'expédie pour Hambourg et l'Italie. Enfin, les cotons que nous recevons du Brésil s'expédient presque tous pour Rouen.

# SUPPLÉMENT
## DE L'ÉDITEUR,
### SUR LE COMMERCE DU PORTUGAL.

Nous allons donner ici, sur le commerce du Portugal, des notions plus détaillées que celles que l'auteur a pu se procurer, et beaucoup plus récentes: elles sont tirées de l'excellent, ouvrage du citoyen Arnoud, intitulé *Balance du Commerce de la France*; du second volume que James Murphy vient de publier, en 1798, à Londres, sur le Portugal, et qui n'est pas encore traduit en français; enfin, de divers renseignemens que nous avons été à portée de recueillir.

« Le commerce de Portugal, dit Murphy, comparé à ce qu'il étoit au commencement de ce siècle, peut être regardé comme très-florissant. Le règne de Joseph I^er^ a formé une époque nouvelle, non-seulement dans le commerce du royaume, mais encore dans toute son économie politique. C'est de ce règne que date la rapide décadence du commerce des Anglais avec les Portugais : elle doit être attribuée en partie aux concessions obtenues d'eux par les autres nations, et en partie aux améliorations qu'ils ont faites eux-mêmes dans plusieurs branches de leur industrie. »

On reconnoît, à ces premières phrases, l'exagération d'un anglais, disposé à jeter les hauts cris aussitôt qu'on porte les plus légères atteintes aux prétentions exclusives et envahissantes de sa nation. Le reste de l'Europe ne s'apperçoit pas encore de ces *concessions* faites par le Portugal *aux autres nations*. A la vérité, le traité signé au Pardo le 24 mars 1778, rappelle les articles de la paix d'Utrecht, qui stipulent que les deux puissances se traiteront, *en matière de commerce, comme la nation la plus favorisée*. Il porte aussi que les sujets respectifs jouiront, sans nulle exception, des priviléges accordés à ceux de la Grande-Bretagne, par le traité de 1667, conclu entre cette puissance et l'Espagne. Mais ce trop fameux traité de Methuen, d'où date l'asservissement du Portugal à l'Angleterre, n'a été nullement modifié par celui du Pardo;

et l'Angleterre est restée dans la possession exclusive d'approvisionner de draps les Portugais, et de leur enlever tous leurs vins de Porto. Quant à la France, la cour de Madrid lui avoit ménagé implicitement, dans son traité du Pardo, la faculté d'y accéder; et cependant la cour de Versailles, par condescendance pour la pusillanimité de celle de Lisbonne, attendit que sa guerre avec l'Angleterre fût terminée, pour solliciter cette accession : elle ne fut signée à Madrid que le 15 juillet 1783. Et, quels avantages nouveaux cette vaine formalité a-t-elle procurés aux Français ? Elle a pu donner quelques alarmes aux Anglais, parce qu'elle prouvoit qu'enfin la cour de Lisbonne avoit un peu recouvré la liberté de ses mouvemens : déjà même on en inféroit, dans le reste de l'Europe, que nous allions donner, pour notre propre compte, quelque réalité aux stipulations vagues du traité du Pardo qui nous devenoient applicables, et demander, qu'aux termes de l'art. 7 de ce traité, nous fussions traités, *en matière de commerce, comme la nation la plus favorisée.* Quelques négociations furent même ébauchées dans ce sens; mais l'incurie de notre ministère, nos égards pour l'Espagne qui venoit de resserrer, par deux mariages de famille, ses liens avec le Portugal; la foiblesse d'une partie du ministère portugais; la malveillance de l'autre, firent encore ajourner indéfiniment cette conquête qu'auroit pu faire notre commerce.

Deux ans après, une querelle s'étant élevée entre nous et la cour de Lisbonne, au sujet du fort de Cabinde sur la côte d'Angola, l'occasion se présentoit de la faire renoncer à ses prétentions de souveraineté sur cette côte; d'obtenir du moins de participer aux avantages dont la partialité portugaise y laissoit jouir les Anglais : nous la laissâmes encore échapper. On ne voit donc pas sur quoi peuvent porter les plaintes de James Murphy.

Il faut convenir cependant que, par des causes, parmi lesquelles il ne faut pas ranger une de celles que cite cet anglais, les relations commerciales des Portugais se sont singulièrement étendues depuis 80 ans . la comparaison que fait le citoyen Arnoud, entre ce qu'il fut en 1716 et ce qu'il étoit il y a dix ans, en offre une preuve évidente.

A la première de ces époques, nos importations en Portugal ne s'élevoient pas au-dessus de 743 mille livres, et nous ne recevions de ses marchandises (consistant en vins, huiles, sucres, cacao, fruits secs, cuirs en poil, et tabac du Brésil), que pour la valeur de 343 mille livres.

En 1787, nous avions importé en Portugal pour la somme de près de *quatre millions* en grains, légumes, jambons, cotons de renvoi, étoffes, bonneteries de laine, dentelles et rubans de soie, papiers, cuirs, peaux apprêtées, mercerie, glaces, librairie; et nous avions reçu pour près de *dix millions et demi* de ses marchandises, sur lesquelles il y avoit 2,756,000 liv. en huiles, cacao, citrons, oranges, vins et épiceries; 5,153,000 l. en cotons, ivoire, peaux de chèvre, indigo, bois de teinture et de marquetterie ; et 2,559,000 liv. en toile de coton des Indes, et tabac du Brésil.

Murphy observe que, d'après les registres de la douane de Lisbonne, le commerce des Anglais, en 1774 et 1775, avec cette ville seule, excédoit le double du commerce réuni de toutes les autres nations. Que lui faut-il donc davantage? Voudroit-il que ses compatriotes fissent absolument, sans concurrens, tout le commerce du Portugal ?

Il convient, d'ailleurs, qu'en 1785 la valeur totale des importations de l'Angleterre dans les ports de Lisbonne, de Setubal, de Figueira, de Porto, et dans ceux des Algarves, s'éleva à trois milliards 381,979,850 reis (il faut à-peu-près 180 reis pour une livre tournois); et que les exportations du Portugal en Angleterre, pendant la même année, furent portées seulement à un milliard 564,319,760 reis: d'où il résultoit une balance de 51,121,618 liv. sterl. en faveur de son pays.

Il ajoute que le commerce particulier du Portugal avec l'Irlande, pendant l'année 1784, produisit en importation 366,734,435 reis, et en exportation 140,439,720 reis; ce qui fait encore, en faveur de l'Irlande, une balance de 63,645 liv. sterlings.

Voici d'autres détails sur le commerce du Portugal, en général.

En 1790, il entra à Lisbonne 319 vaisseaux venant d'Angleterre et d'Irlande, 252 portugais, 321 des différentes parties de l'Europe, et 75 des ports américains. L'année précédente il étoit entré dans le Tage 60 navires anglais chargés de poisson de Terre-Neuve.

Depuis le mois de juin 1782 jusqu'en décembre 1784, les Anglais ont apporté, dans la seule ville de Porto, 150 mille quintaux de poisson, sans compter ce que les autres ports, y compris Madère et les Açores, en ont reçu par la même voie. On peut estimer à 202,500 liv. sterlings la valeur de tout ce que les vaisseaux anglais importent de ce comestible, année commune, dans tous les ports appartenans aux Portugais.

Les autres principales marchandises que ceux-ci reçoivent de l'Angleterre, sont les lainages et la quincaillerie. Il entra en Portugal, dans le cours de l'année 1784, pour la valeur de 2,058,766,150 reis en lainage seulement (près de 11 millions et demi de livres tournois).

Par ce seul article on voit assurément que les Anglais ont encore beaucoup à perdre avant de se plaindre de leurs relations avec le Portugal; et cependant Murphy prétend que l'exportation des fruits et autres productions du Portugal et de ses colonies pour l'Angleterre (celle des vins sur-tout), s'est tellement accrue dans ces dernières années, tandis que les importations anglaises en Portugal ont diminué, qu'il est incertain à présent en faveur de laquelle de ces deux nations est la balance de leur commerce: M. Murphy, si bien informé d'ailleurs, n'auroit-il pas pu nous fournir la preuve de cette assertion ?

Les relations commerciales du Portugal avec l'Espagne n'ont jamais été bien considérables, et ne sont pas même susceptibles d'un grand accroissement. L'Espagne n'a guère que du bled à envoyer à ses voisins, qui n'en recueillent jamais assez pour leur consommation, tandis que ses provinces occidentales, la Manche et la Vieille-Castille en récoltent, dans les bonnes années, au-delà de leurs besoins. Cependant cette communication, réciproquement avantageuse, est gênée par toutes sortes d'entraves: il est de l'intérêt des deux puissances de les faire disparoître, lorsqu'enfin, après tant de projets, elles s'occuperont sérieusement d'un traité de commerce. En Europe, comme aux Indes, elles reueillent à-peu-près les mêmes productions; chacune des deux peut se passer des vins de l'autre. Le Portugal a lui-même d'assez beaux draps et de belles soiries; et ce que l'Espagne pourroit lui fournir dans ce genre, ne soutiendroit pas la concurrence des marchandises anglaises de la même espèce. Le seul tabac est donc, entre ces deux nations, un objet important de commerce. L'Espagne prend, en vertu d'un arrangement conclu avec le Portugal, presque tout le tabac à fumer du Brésil, dont elle a besoin pour sa consommation : elle en reçoit, outre cela, beaucoup par la voie de la contrebande : ce qui doit s'inférer d'une circonstance facile à avérer, c'est que presque personne ne fume en Portugal, et qu'il y entre beaucoup plus de tabac à fumer qu'il n'en fait passer en Espagne par la voie légale. Il y a telle des dernières années, où le gouvernement espagnol a demandé au Portugal pour la valeur de 200 mille piastres en tabac du Brésil. Il le paie deux réaux (environ 10 sols la livre), et le revend quarante réaux. Ce tabac doit être conduit dans les magasins de l'Espagne, sur la frontière commune. Là, il est choisi par ses commissaires. Ce qui est de rebut est brûlé ou passe à Gênes.

Le Brésil fournit, d'ailleurs, au Portugal, un grand nombre de marchandises précieuses dont ce royaume exporte une partie. Les principales sont le riz, dont on peut recueillir une immense quantité sur les bords de la rivière des Amazones, du sucre, des mélasses, du miel, de la cire, de la soie, du cacao, du café, des liqueurs, de l'huile de baleine, des bois de diverses espèces pour la construction et pour les meubles; du salpêtre, des plumes d'autruche, des cuirs de bœuf, des peaux de différentes sortes de quadrupèdes, et une très-grande variété de plantes pour la teinture, de plantes médecinales, balsamiques et aromatiques; entr'autres, trois nouvelles espèces de *quinquina*, dont l'une de couleur grise est imprégnée de gomme, de résine et d'huile essentielle, et préférable au meilleur *quinquina* du Pérou; enfin, et sur-tout, beaucoup d'or, d'argent, de perles et de pierres précieuses de différentes espèces.

Le Portugal exporte en revanche, pour le Brésil, un très-grand nombre d'objets, tels que des laineries, des toiles, des étoffes, des galons d'or et d'argent, du poisson sec, du fromage, du beurre, du vin, de l'huile, du vinaigre, du vermicelle, des macaroni, des raisins secs, et des verreries de toutes espèces, fabriquées à Marinha, etc. etc.

Une portion assez considérable des riches productions du Brésil est exportée en fraude par les Anglais. Ils ont (ce que M. Murphy feint d'ignorer) des bâtimens qui croisent le long des côtes, dont les habitans leur remettent, clandestinement, de l'or, de l'argent, des diamans, et des épiceries.

Les Anglais ont plus d'un autre moyen de faire la contrebande avec le Portugal. Elle a été de tout temps, singulièrement favorisée par les paquebots qu'ils sont en possession d'envoyer de Falmouth à Lisbonne, malgré le parti que la cour de Portugal a pris récemment, de les faire visiter par un vaisseau de garde, stationné à l'embouchure du Tage. Dans la seule année 1790, 29 de ces paquebots ont fait cette utile traversée. On a calculé que, dans l'espace de 30 ans, depuis 1759 jusqu'en 1772, les paquebots de Falmouth ont exporté de Portugal en Angleterre 9,319,938 livres sterlings, tant en lingots qu'en espèces, somme à laquelle il faut ajouter les diamans et autres pierres précieuses, les sommes remises par les navires partant des ports de Lisbonne, Setubal et Porto, et celles qui ont passé indirectement en Angleterre par l'entremise de la Hollande et des ports de la Méditerranée.

Le Portugal a aussi un commerce assez étendu, et même assez avantageux avec le nord; mais ses propres navires n'y contribuent presque pour rien. Ses sucres sont portés en grande quantité dans les ports des villes Anséatiques; et il y étoit, avant la guerre actuelle, notre principal rival pour cette production coloniale. Il envoie à Stettin, à Riga et à Pétersbourg, quelques parties de coton, de café, d'eaux-de-vie, d'huiles, de vinaigres, d'indigo, de gingembre, de tabac, de fromages, d'amandes, etc. etc.

En 1787, quarante-sept navires, dont deux seulement étoient portugais, transportèrent, dans le seul port de Hambourg, des marchandises portugaises pour la valeur d'environ cinq millions et demi de livres tournois.

En 1789, douze bâtimens allèrent de Pétersbourg en Portugal, et y apportèrent en marchandises de Russie, pour la somme de 223,195 roubles. Sur quoi nous remarquerons que le Portugal tire, de cet empire, chaque année, pour quelques millions de lin écru, qui est filé dans le pays, très-industrieux, situé à quinze ou vingt lieues au nord de la capitale ; et que les toiles fabriquées avec ce lin sont consommées en partie dans le Portugal même, mais exportées pour la plus grande partie en Espagne.

Je n'ai pu avérer à quoi s'élève le commerce d'exportation que le Portugal fait avec la Russie ; mais j'ai lieu de croire qu'il est à l'avantage des Portugais.

Voilà tous les détails que j'ai eus à ajouter à ceux que l'auteur avoit recueillis en 1778, sur le commerce de cette nation. S'ils laissent encore plusieurs choses à désirer, ils suffisent du moins pour prouver que les Portugais entrent pour beaucoup dans les rapports commerciaux du monde ; mais aussi qu'ils pourroient y entrer d'une manière beaucoup plus fructueuse pour eux-mêmes. (*B.*)

---

## CHAPITRE XI.

### *Agriculture.*

L'AGRICULTURE est, sans contredit, le premier des arts et le plus essentiel à l'humanité, puisque c'est à lui qu'elle doit ses principaux moyens d'existence. Le laboureur, affaissé sous le poids du travail, oublie ses peines, lorsqu'il sait que sa subsistance est assurée; il travaille avec plus d'ardeur : la population s'accroît, l'industrie augmente avec le bonheur des peuples. Le paysan, heureux, ne craint point d'accroître sa famille à proportion de ses biens, à l'augmentation desquels elle contribue à son tour.

Pendant bien long-temps le Portugal a perdu ces vérités de vue. Les habitans se bornoient à demander à la terre ce qui leur étoit absolument nécessaire pour eux-mêmes: mais comme il n'y avoit pas d'abondance, le bled se maintenoit constamment à un prix élevé.

Telle étoit l'agriculture dans le siècle dernier, lorsque les Anglais offrirent aux Portugais de leur fournir des grains à meilleur marché qu'ils ne pouvoient les avoir dans leur propre pays. Le gouvernement, séduit par cette offre, permit l'importation des bleds. Le Portugal étoit alors riche en espèces que lui rendoit le Brésil, source de tous ses malheurs. Les grains arrivèrent d'Angleterre en abondance, et furent vendus à un prix inférieur d'un tiers au prix des bleds du pays. Les Anglais perdirent d'abord; mais ils avoient prévu que ce n'étoit qu'une avance qui leur rentreroit bientôt avec usure : ils connoissoient le génie du peuple portugais, et abusèrent de sa simplicité. Les cargaisons de grains, quoique multipliées, ne pouvoient suffire aux demandes des marchés. Aussitôt que le bled paroissoit, il étoit enlevé : le paysan retournoit dans son village sans avoir rien vendu de ce qu'il avoit apporté; il se désoloit; mais on l'appaisoit, on lui faisoit croire que c'étoit pour son bonheur, et que bientôt il auroit du pain sans travailler. Les fermes furent abandonnées. Le laboureur, ne pouvant plus soutenir le nombre des charrues qu'il avoit, s'en défit; se borna à ne cultiver que la plus petite partie de sa possession; il chercha à en tirer le pain nécessaire pour lui et sa famille. Ces vastes champs, au milieu desquels serpentent diverses rivières, et qu'on avoit vu autrefois couverts de moissons, restèrent incultes, et se changèrent en savannes abandonnées et dépeuplées. On ne s'apperçut de cette faute que sept à huit ans après; et lorsqu'il n'étoit plus possible d'y remédier. Les grains que les Anglais avoient donnés jusque-là, à bon marché, avoient haussé de prix. Pour qu'ils se résignassent au joug qu'ils leur avoient imposé, ils cherchoient à leur persuader, 1°. *que leur pays, naturellement stérile, ne pouvoit fournir à leur subsistance*; 2°. *que l'agriculture devenoit inutile en Portugal, parce que les autres états de l'Europe étoient obligés de lui fournir le nécessaire.*

« *Le Portugal, naturellement stérile, ne peut fournir à la subsistance de ses habitans!* »

Les explications que je vais opposer à cette absurde assertion, suffiront pour la détruire. Il n'y a point, il ne peut y avoir, de stérilité naturelle dans un pays peuplé. La population prouve la fécondité du terrain, comme la fécondité appelle la population.

Comment se faisoit-il, d'ailleurs, que dans le siècle dernier, le Portugal se suffisoit à lui-même ? S'il étoit devenu stérile, ce seroit la faute des hommes et non celle de *la nature*, qu'accuse l'assertion des Anglais. Mais il ne l'est pas : je m'en suis convaincu par mes propres yeux. J'ai traversé, sans exception, toutes les provinces du Portugal. Par-tout où il y avoit de la population, j'ai trouvé l'agriculture en vigueur. J'ai vu, à la vérité, des terrains qui pouvoient être cultivés, et qui ne l'étoient pas ; mais nous en avons indiqué la raison plus haut. Elle se trouve dans l'affluence des bleds étrangers : en sorte que les Anglais prennent ou affectent de prendre l'effet pour la cause.

Les naturalistes grecs et latins, exaltoient beaucoup l'abondance des productions du Portugal : et Pline dit qu'il étoit vraisemblablement l'endroit de l'univers destiné pour l'emplacement des Champs-Elysées (1). Il y a, en Portugal, il faut en convenir, des

(1) Sous le règne de Sanche Ier., de Sanche II et de Denis, *l'ami des laboureurs*, le Portugal recueilloit du grain en assez grande abondance, pour en avoir à exporter, après avoir pourvu à la consommation de tous ses habitans. (*B.*)

productions dont la culture est singulièrement négligée ; mais ce n'est nullement le sol qu'il faut en accuser. Les productions prospèrent, abondent même dans des terrains dont la qualité est pareille à celle des terrains où elles sont très-clair-semées. Est-ce la faute des hommes ou celle de la terre ?

« L'*agriculture*, disent encore les Anglais, *est inutile en Portugal, puisque les autres états de l'Europe sont obligés de lui fournir le nécessaire.* »

On sent qu'un pareil argument doit être de quelque poids pour les Anglais, qui profitent de l'incurie des Portugais, et qui, en flattant leur paresse, ont voulu les condamner à l'oisiveté, pour les tenir dans leur dépendance. Mais cet argument paroissoit si peu concluant au marquis de Pombal, qu'il a fait tous ses efforts pour ranimer, chez ses compatriotes, le goût de l'agriculture : il avoit le courage et le talent nécessaires pour remplir cette tâche difficile, chez un peuple naturellement mou, nonchalant, attaché aux préjugés qui flattent ses penchans : le temps seul lui a manqué. Nous avons vu plus haut les moyens violens auxquels son caractère et la nécessité des circonstances l'avoient fait recourir pour ramener les Portugais à l'agriculture, en diminuant la culture des vignes. La malveillance envenima ses intentions: on prétendit qu'il n'étoit guidé que par des vues d'intérêt personnel. Il y eut des murmures, quelques mouvemens d'insurrection. De pareils obstacles n'étoient propres qu'à l'affermir dans ses plans. Il insista sur leur exécution, avec cette sévère constance qui faisoit un des principaux traits de son caractère; et il eut enfin à s'applaudir de ses efforts. Vers la fin de son ministère, les productions du sol portugais commençoient à abonder dans les marchés; et l'année dernière (1777), pendant que j'étois en Portugal, les habitans calculoient déjà qu'ils avoient gagné, par l'encouragement qu'on avoit donné à l'agriculture, de quoi suffire à plus de la moitié de leur subsistance: situation dans laquelle ils ne s'étoient pas trouvés depuis le dernier siècle. Mais la disgrace de Pombal fait retomber le gouvernement portugais dans son premier état de langueur: les manufactures deviennent désertes; le clergé s'empare de l'esprit du souverain; la terrible inquisition reprend ses droits; on abandonne les atteliers pour courir aux processions, qui se multiplient tous les jours; le goût du travail se perd; le pain renchérit; l'agriculture souffre, et les Anglais songent déjà à reprendre cette branche de commerce qu'ils avoient vu au moment de leur échapper. Voilà donc le Portugal replongé dans son ancienne misère: il a beaucoup de dettes; il manque des choses les plus essentielles à ses besoins; il est, d'ailleurs, tourmenté par des divisions entre les grands de la cour et le militaire.

Le peuple asservi de nouveau à ses préjugés, dominé par les prêtres, va retomber dans la misère: et qui voudroit songer à l'en arracher? Il ne sait payer que d'ingratitude ses bienfaiteurs. On a vu des hommes, après lui avoir rendu de grands services, échapper avec peine aux proscriptions des tribunaux; on a vu des généraux, des colonels, des gens à talens, poursuivis, accusés de crimes sous les plus frivoles prétextes; et ils n'avoient d'autres torts que celui d'être étrangers. Le peuple portugais, indolent, paresseux, n'a d'activité que pour projeter et consommer rapidement des forfaits; et sa fatale dévotion semble ne servir qu'à les sanctifier. C'est en Portugal qu'on voit des scélérats, avant de commettre un crime, aller à l'église, approcher des sacremens, pour demander la grace et le courage de consommer ce qu'ils appellent *une bonne action.* Celui qui assassina un malheureux à côté de moi, dans la place du Commerce, sortoit de l'église voisine, où on l'avoit vu dans un confessionnal.

Mais revenons à l'état de l'agriculture en Portugal. Toutes les provinces de ce royaume ne sont pas également fertiles ni propres au même genre de productions. Les orangers, par exemple, qui croissent en abondance dans l'*Estramadure*, l'*Alentejo* et le royaume des *Algarves*, ne se trouvent pas dans les provinces de *Beira*, *Tra-los-Montes* et *Entre-Douro-y-Minho.* L'agriculture de celle-ci est très-florissante : le voyageur est enchanté en traversant cette province, qui d'une extrémité à l'autre est une campagne brillante de culture et variée dans ses productions: c'est la seule où il y ait des prairies.

Celle de *Tra-los-Montes* est absolument ingrate; elle n'est qu'un assemblage de montagnes escarpées, au sein desquelles les vents et les tempêtes règnent toute l'année. Elle n'est cultivée que sur les bords des petites rivières qui serpentent au pied de ces montagnes. Dans cette partie, elle offre des sites très-variés et très-pittoresques, dont on jouit avec délices, lorsque les brouillards, presque continuels, se dissipent par intervalles et permettent à l'œil de les saisir. On ne connoît pas la charrue dans le Tra-los-Montes; on y remue la terre avec des espèces de bèches, de pics ou de pioches; et malgré l'insuffisance apparente de ce labour, les récoltes sont abondantes. L'orge, le chanvre, le lin, le bled de Turquie surtout et quelques fruits, forment la partie la plus essentielle de ses productions. On y trouve aussi des troupeaux en assez grande quantité.

La province de *Beira* fournit à tous les besoins de la vie. Toutes les espèces de fruits, les plus excellens, se trouvent dans la vallée de *Coimbre*, sa capitale. Ses rivières, sont poissonneuses. Le poisson de mer foisonne sur ses côtes. On y trouve du miel, du sel, beaucoup de bestiaux. Tant d'avantages, joints à la pureté de l'air qu'on respire dans ce pays, en feroient un séjour délicieux, s'il étoit habité par tout autre peuple.

L'*Estramadure* est une province non moins bien favorisée par la nature, quant aux productions du sol. On y trouve toutes celles de *Beira*, sous un ciel plus chaud: les orangers, les grenadiers y viennent en pleine campagne. Tous les champs sont entourés d'aloës, qui se reproduisent avec autant de facilité que les plantes les plus communes. Les vins de cette province, sur-tout ceux de la partie méridionale, sont très-liquoreux (1).

L'Alentejo recueille, outre les diverses productions des autres provinces, le riz, qui seroit un objet bien essentiel, si on perfectionnoit sa culture, sans trop l'étendre cependant; car en Portugal, comme ailleurs, elle a l'inconvénient d'être très-mal-saine.

Le royaume des Algarves est dans la plus heureuse position; ce petit pays est parfaitement cultivé, et produit au-delà de ce dont ses

(1) On ne connoît guère, hors du Portugal, que les vins de *Porto*, de *Carcavelo* et de *Setubal*. Il en est cependant beaucoup d'autres qui n'ont pas moins de prix. Tels sont ceux d'*Alvor*, d'*Almada*, de *Caparica*, d'*Ourem*, de *Lamego*, de *Moncaon*, etc. Celui de *Barra a Barra*, est, sur-tout, fort recherché par les gourmets. (*B.*)

habitans ont besoin pour leur consommation.

Ce tableau rapide suffit pour prouver que le Portugal a reçu de la nature toutes les avances qui peuvent lui procurer des moyens abondans de subsistance : mais combien de vices moraux et politiques concourent à lui enlever la jouissance de tant de bienfaits ! Nous en avons déjà indiqué plusieurs. La manière dont les régimens sont recrutés n'est pas le moindre. Tous les soldats sont tirés d'une même province, pour être incorporés dans le régiment dont elle porte le nom. Arrachés pour la plupart aux campagnes, ils sont enlevés sans retour à la culture, qui se trouve abandonnée aux bras débiles des vieillards. L'énorme multiplicité des prêtres et des moines, qui explique presque tous les abus auxquels le Portugal est livré, est aussi une des principales causes de l'état déplorable de son agriculture. Chaque couvent a des revenus considérables, et occupe des emplacemens immenses. Il s'y consomme en pure perte une quantité prodigieuse de pain, dont la plus grande partie est distribuée aux mendians. Les vivres et les fourrages y abondent, et sont de meilleure qualité qu'ailleurs. En parcourant les différentes provinces du Portugal, j'aimois mieux m'arrêter dans un couvent que dans un village; j'étois sûr d'y trouver une bonne nourriture pour moi, de la meilleure paille et du meilleur grain pour mes chevaux: j'y allois demander l'hospitalité, que l'on ne me refusoit jamais; et je trouvois toujours, à l'entrée de chacun de ces monastères, environ 200 pauvres, leur plat sous le bras, attendant la soupe que le couvent leur fait distribuer chaque jour de l'année. J'apprenois du prieur lui-même que ces fainéans arrivoient des endroits circonvoisins. Il m'avouoit que c'étoit un abus, mais qu'il l'avoit trouvé établi et qu'il se garderoit bien de le réformer. On devine facilement pourquoi. Ces troupes de mendians, que les moines entretiennent ainsi beaucoup plus par politique que par charité, sont des espèces de milices sur lesquelles ils exercent une grande influence. Instrumens dociles entre leurs mains, ces fainéans sont très-dangereux pour le gouvernement. Dès qu'il y a des mécontentemens à exprimer, ils ne manquent pas d'élever leurs voix séditieuses; et on est sûr de les voir jouer un rôle principal dans tous les attroupemens tumultueux. Le gouvernement de Portugal auroit bien dû, depuis long-temps imiter à cet égard du moins, ces Anglais avec qui il a des relations si intimes. Ils ont établi des hôpitaux où doivent se rendre tous ceux qui se déclarent incapables de gagner leur vie. Ces malheureux y trouvent un asyle et la subsistance. S'ils sont vieux ou invalides, on ne leur impose aucune espèce de travail ; mais s'ils sont jeunes et capables d'exercer un métier quelconque, on leur donne de l'ouvrage ; et l'argent qu'ils gagnent ainsi appartient à l'hôpital, sert au vêtement des pauvres, etc. Chaque année le parlement accorde une somme pour l'entretien des hôpitaux des provinces ; et les pauvres qui, par fainéantise, ne veulent pas rester dans les maisons, et qu'on trouve mendiant soit dans les villes, soit dans les campagnes, sont arrêtés et transportés sur-le-champ dans les colonies. Cette loi est commune aux deux sexes. A l'entrée de chaque ville ou village, on trouve affichée une ordonnance par laquelle le gouvernement défend à tous les indigens de demander l'aumône, sous peine d'être transportés dans les colonies ; et à tous particuliers de la faire sous peine d'une amende proportionnée à leur fortune. Une pareille mesure, adoptée en Portugal, rendroit à l'agriculture, aux arts, aux métiers, au commerce, une foule de bras oisifs et d'autant plus dangereux dans leur oisiveté, que les Portugais des classes inférieures sont violens et capables de se livrer aux plus grands excès (1).

(1) A ces observations sur l'agriculture du Portugal, nous allons en ajouter quelques-unes beaucoup plus récentes et tirées en grande partie du nouvel écrit *de James Murphy*, que nous avons déjà cité.

L'expérience a enfin appris aux Portugais, que l'agriculture est infiniment plus importante pour eux que leurs mines d'or et d'argent. Ces sources illusoires de prospérité, ont commencé à perdre de leur prix, depuis qu'ils ont comparé la situation de leur pays avec celle des pays dont les revenus dépendent, non des mines lointaines, mais des productions de leur propre sol.

L'académie royale de Lisbonne n'a pas peu contribué, par ses recherches, par ses écrits, par les prix d'encouragement qu'elle a distribués, à éveiller l'industrie dans tout le royaume. L'objet de ses sollicitudes est de faire creuser des canaux, de rendre les rivières navigables, d'introduire des machines utiles aux arts, de défricher les marais, de perfectionner les ports, d'ouvrir de nouvelles routes au commerce, de nouveaux débouchés à l'industrie.

Mais ses succès seroient bien plus rapides et bien plus complets, s'ils n'étoient pas contrariés par de mauvaises loix, par une foule d'institutions vicieuses, auxquelles le gouvernement seul peut remédier.

Le pays est distribué en propriétés beaucoup trop vastes. Les grandes routes sont mal entretenues, et les rivières obstruées dans leur cours. Quelques-unes, faute d'être encaissées, sont sujettes aux débordemens. Les laboureurs ne sont pas assez nombreux, et ne sont pas à beaucoup près considérés comme ils devroient l'être. Ils sont accablés de redevances féodales, d'impositions, et quelquefois d'oppressions de tout genre. Les jours de fête sont beaucoup trop multipliés. Les fermiers sont ignorans; leurs enfans abandonnent leur utile profession pour aller se corrompre dans les villes. Il y a une foule de domestiques et de vagabonds qui sont perdus pour l'agriculture; enfin elle n'a pas, pour prospérer, une quantité suffisante de bestiaux. Voilà les vices qu'il faut corriger, avant que les sages vues de l'académie de Lisbonne puissent être remplies.

Ils expliquent comment les deux tiers du Portugal sont encore à présent incultes, et comment la portion qui est cultivée en vignes, olives, bled, légumes, bois, etc. ne l'est pas au degré de perfection où elle pourroit être et où elle étoit effectivement vers la fin du treizième siècle.

Les plants d'oliviers sont, en général, assez négligés; et les vignobles occupent beaucoup de terreins, qui seroient plus propres au bled ou au maïs. On renouvelle rarement les plantations de bois; et les anciennes forêts ne sont pas administrées avec soin.

Le

Le lin n'est pas cultivé en quantité suffisante pour la consommation intérieure ; et la culture du chanvre est presqu'entièrement négligée.

Celle des pommes-de-terre est très-peu connue en Portugal ; on s'occupe, au contraire, en beaucoup d'endroits, de celle des topinambours, qui sont moins farineux et moins nourrissans.

Les fermiers sont encore imbus de l'ancien préjugé que toute espèce de sol est également propre à toutes les productions.

Les prairies sont presqu'entièrement inconnues dans le royaume, quoiqu'on y trouve de belles vallées, qui seroient très-propres à ce genre de culture.

Quant à la manière de préparer le terrain, elle est on ne peut pas plus imparfaite. La charrue ne fait qu'égratigner la terre. On connoît à peine l'usage de la herse, ainsi que celui de sarcler les champs. On sème aussitôt après avoir labouré, sans laisser à la terre le temps de s'imprégner des particules fécondantes de l'atmosphère.

On n'entend rien non plus aux engrais ; car on n'en a d'autres que la bruyère qu'on laisse pourrir le long des grandes routes, et dont les pluies entraînent les particules salines et huileuses, si favorables à la végétation.

Enfin, comme la plus grande partie du pays est montagneuse, il arrive souvent que faute de soins, les récoltes sont détruites et entraînées par les torrens.

Tel est l'état de l'agriculture moderne en Portugal. Elle pourroit être fort différente pour la prospérité du pays, mais non pour l'intérêt des Anglais; et il est bien généreux à un de leurs écrivains d'avoir révélé aux Portugais les causes de leur appauvrissement et les moyens d'y remédier. ( *B.* )

*Fin du premier Volume.*

# TABLE DES CHAPITRES

## Du premier Volume.

### CHAPITRE PREMIER.

*Voyage et arrivée du ci-devant Duc, à Lisbonne.— Couronnement de la Reine.* Page 1

CHAP. II. *Climat et origine du royaume de Portugal.* 9

CHAP. III. *Description géographique du Portugal.* 16

CHAP. IV. *Constitutions et Loix du Portugal.* 42

CHAP. V. *Religion.* 53

CHAP. VI. *Mœurs et Coutumes des Portugais.* 69

CHAP. VII. *Gouvernement.* 106

CHAP. VIII. *Colonies Portugaises.* 148

CHAP. IX. *Population.* Page 185

CHAP. X. *Commerce.* 190

*Extrait d'un Mémoire sur le Commerce de Portugal.* 228

*Supplément de l'Editeur sur le Commerce du Portugal.* 237

CHAP. XI. *Agriculture.* 250

BIBLIOTHEQUE ROYALE

Fin de la Table des Chapitres du premier Volume.

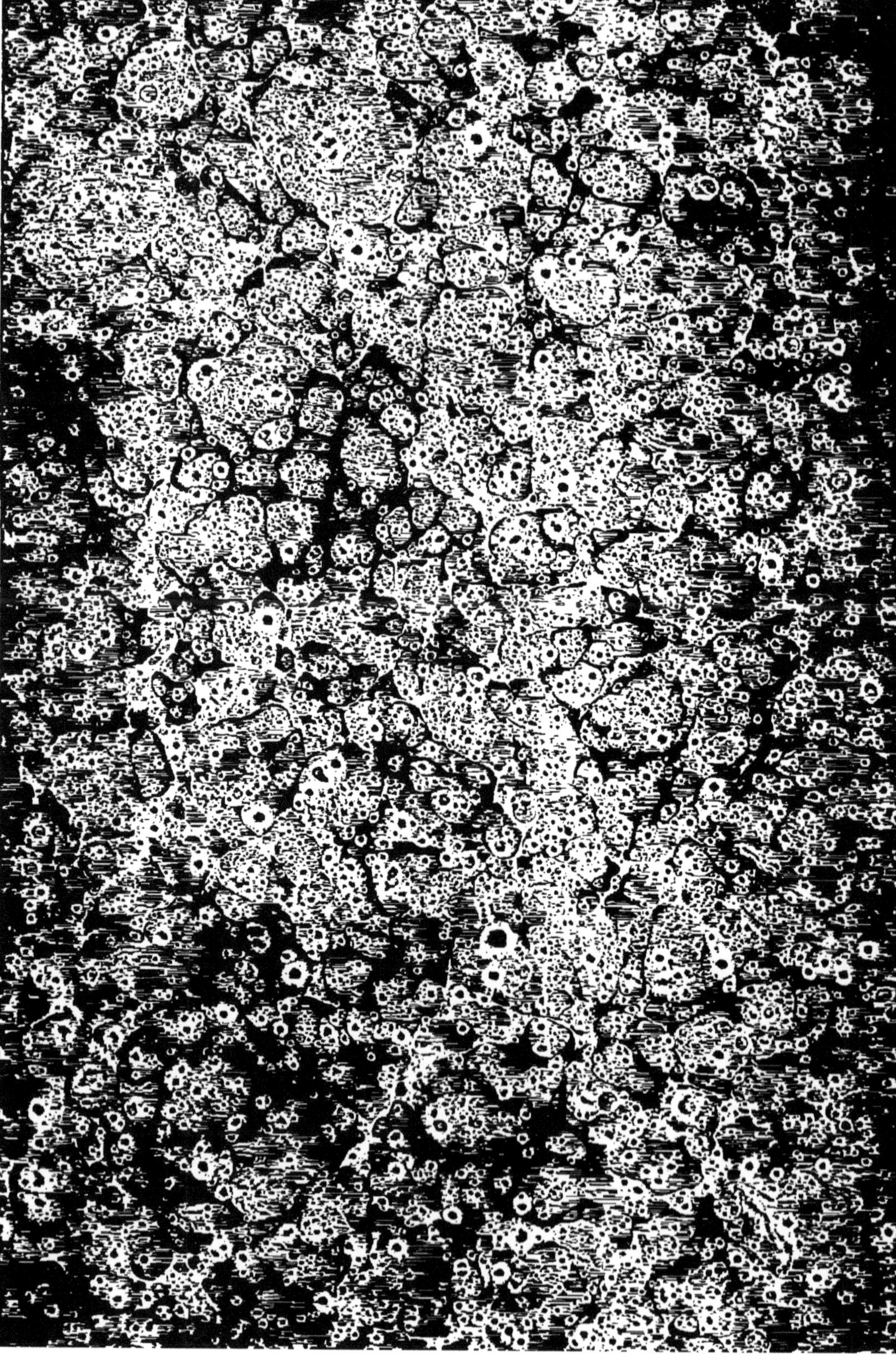

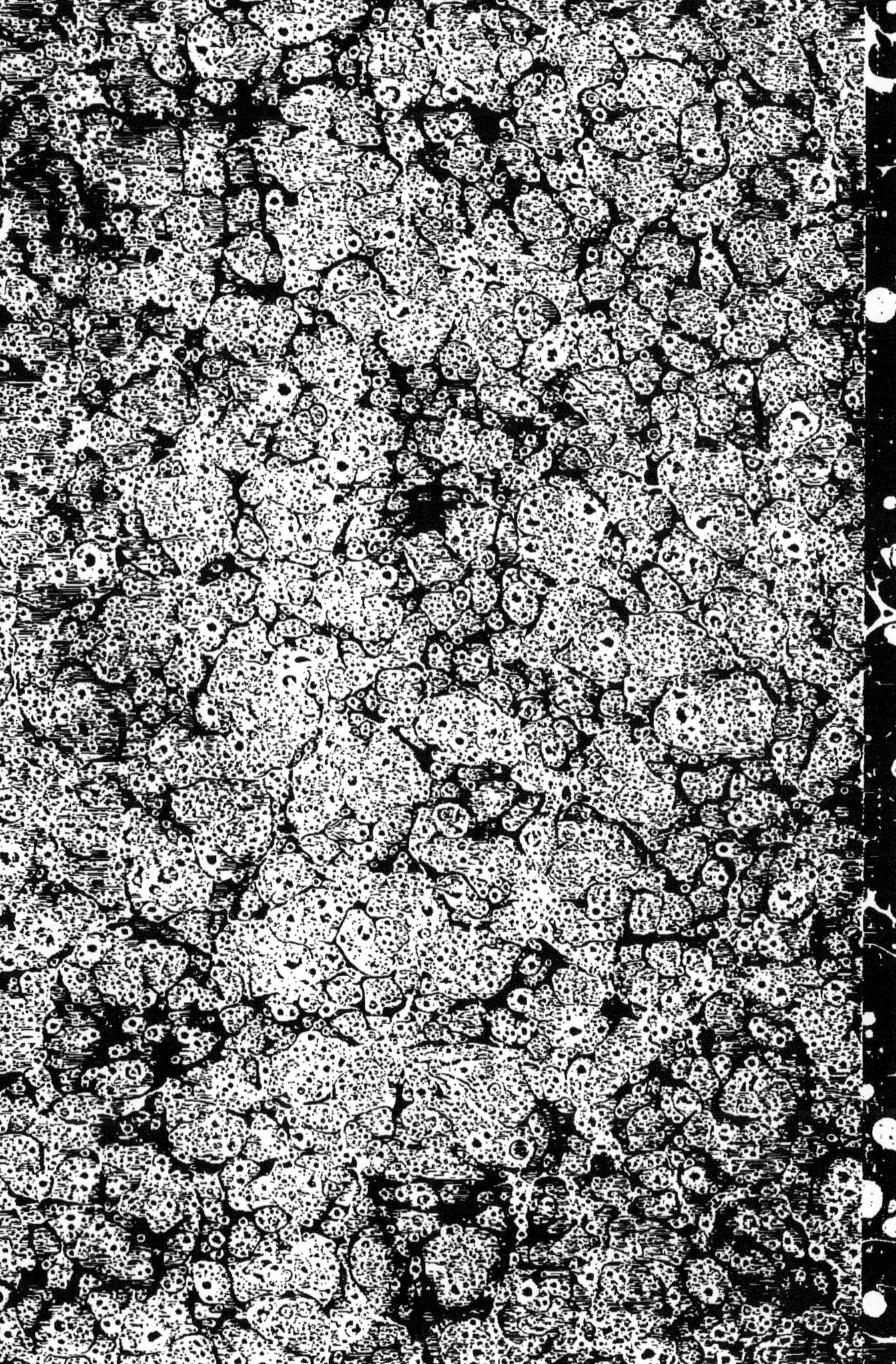

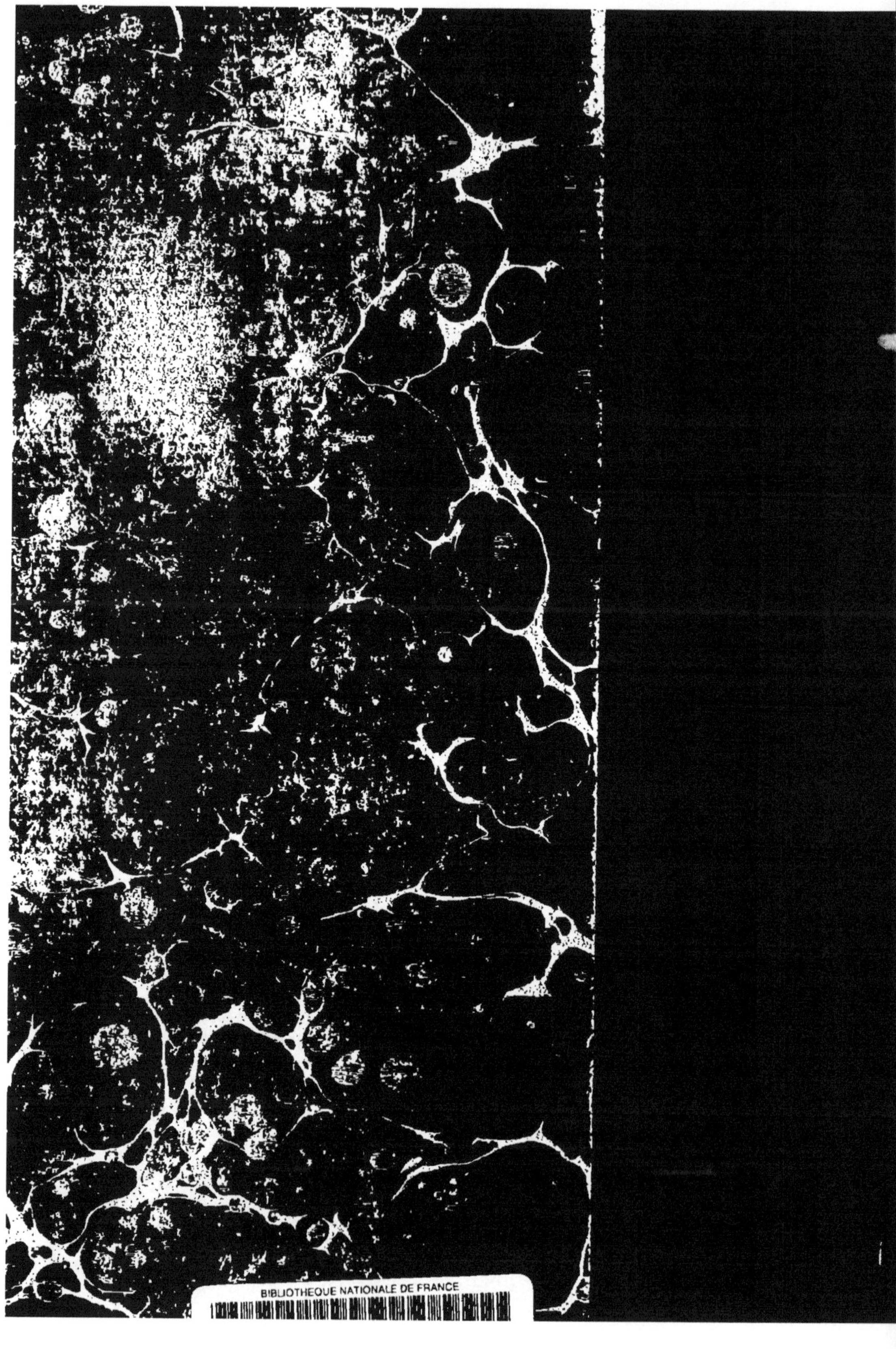

BIBLIOTHEQUE NATIONALE DE FRANCE

www.ingramcontent.com/pod-product-compliance
Ingram Content Group UK Ltd.
Pitfield, Milton Keynes, MK11 3LW, UK
UKHW021852190726
13855UKWH00001B/269